Paraboles
pour
aujourd'hui

Nihil obstat :
Limoges, le 2 octobre 1990
François BLONDEL
Vicaire général

Imprimatur :
Limoges, le 4 octobre 1990
Monseigneur Léon SOULIER
Évêque de Limoges

N° éditeur : 824
N° ISBN : 2-7041-0093-4
Dépôt légal : février 1991

Jean Vernette

Paraboles pour aujourd'hui

Éditions Droguet & Ardant

DES PAROLES DE VIE

Jésus parlait en paraboles.

C'est ainsi qu'Il a fait connaître le Visage de son Père. Et à travers ces récits tout simples, Il révélait les "mystères" de son Royaume.

Car les paraboles sont de toujours. Tous les chercheurs de Dieu, mystiques et sages dans toutes les cultures et religions, ont exprimé leur découverte de Celui-qu'on-ne-peut-nommer, à travers des paraboles.

La parabole parle au cœur. Ce n'est pas d'abord un discours. Et c'est avec le cœur que l'on rencontre Dieu. Hier comme aujourd'hui.

Voici des paraboles pour aujourd'hui. Comme des chemins pour entrer dans la connaissance des "mystères" que Dieu a révélés aux hommes de tous les temps et de toutes les nations. Aussi viennent-elles de tous les pays.

Mais cette révélation au long du Temps et de l'Histoire a connu son point culminant. Lorsque, "après avoir autrefois, à plusieurs reprises et de plusieurs manières parlé par les prophètes" (Lettre de St Paul aux Hébreux 1, 1) et "pour tout dire en une fois", Dieu a envoyé son propre Fils : Jésus de Nazareth. Car Jésus est le "Verbe", la Parole même de Dieu, une parole "faite chair". Il est la transcription visible et lisible du Visage et de la Parole de Dieu.

Aussi quand nous allons lire Ses paroles, en contre-point de celles que Dieu a révélées et révèle encore aux hommes de tous les temps, sommes-nous sûrs d'avoir accès à la pensée même du Père.

Mais comment se repérer dans tout ce que Jésus a dit ? Nous prendrons *comme fil rouge* deux textes sacrés pour les chrétiens, ceux-là même que tout homme qui veut devenir disciple du Christ découvre au long de son Initiation au Baptême :

— le *"Je crois en Dieu"*, résumé de la Tradition croyante : ce que professent et vivent les communautés chrétiennes depuis 2000 ans.

— le *"Notre Père"*, résumé de ce que disent les disciples de Jésus dans leur prière : car ce sont les paroles mêmes qu'Il a enseignées à ses amis.

En découvrant ces paroles, soyez-en sûrs, vous êtes au cœur du Christianisme.

Et ce sont des Paroles pour la Vie.

JE CROIS EN DIEU

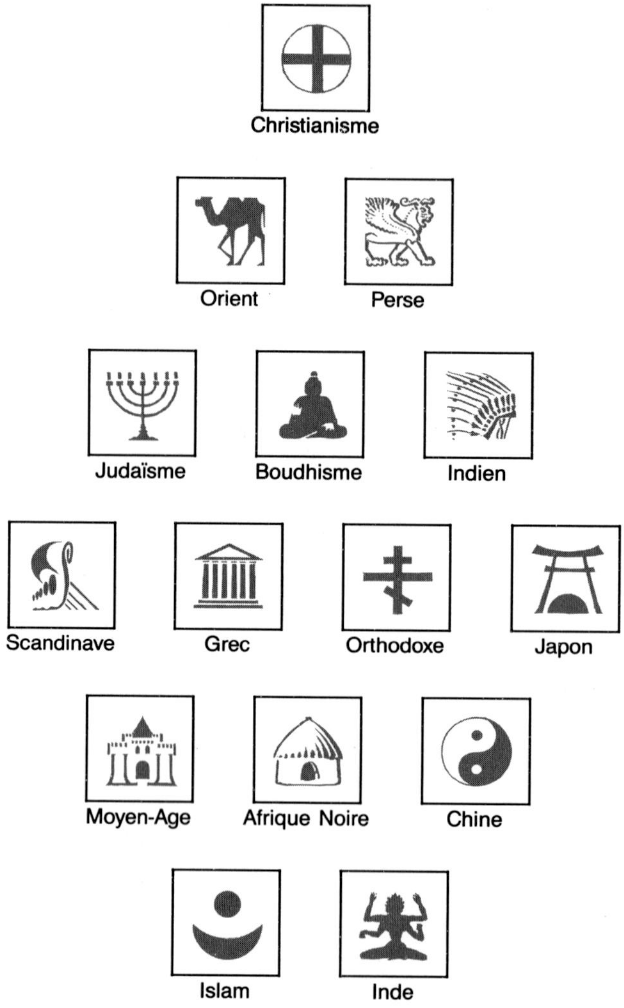

Symboles
utilisés dans l'ouvrage

"DIEU, PERSONNE NE L'A JAMAIS VU",
DIT SAINT JEAN.
COMMENT DIRE ALORS QU'IL EXISTE ?

Il était une fois deux explorateurs...

IL était une fois deux explorateurs qui avaient trouvé une clairière dans la jungle. Dans la clairière poussaient beaucoup de fleurs et de mauvaises herbes. Un des explorateurs dit : "Il y a nécessairement un jardinier qui entretient ce jardin". L'autre n'est pas d'accord : "Il n'y a pas de jardinier".

Ainsi, ils dressent leurs tentes et organisent une surveillance. Aucun jardinier n'a jamais été vu.

— "Mais c'est peut-être un jardinier invisible ?"

Alors ils dressent une clôture de fil de fer barbelé. Ils l'électrifient. Ils la surveillent avec des limiers... Mais aucun cri ne suggère jamais que quelque intrus ait reçu une décharge. Aucun mouvement du fil de fer ne trahit jamais un grimpeur invisible. Les limiers n'aboient jamais...

Pourtant, le croyant n'est pas encore convaincu : "Mais il y a un jardinier invisible, intangible, insensible aux décharges électriques, un jardinier qui n'a pas d'odeur et qui ne fait pas de bruit, un jardinier qui vient secrètement pour s'occuper du jardin qu'il aime..."

A la fin, le sceptique désespère : "Mais que reste-t-il de ta première affirmation ? Et en quoi précisément, ce que tu appelles un jardinier invisible, intangible, éternellement insaisissable, diffère-t-il d'un jardinier imaginaire ou même d'un jardinier qui n'existe pas du tout ?"

L'affaire semble entendue. Du moment que Dieu est "invisible, intangible, éternellement insaisissable", c'est qu'il est purement imaginaire : une projection de notre désir !

Mais, au fait, de quelle manière peut-on percevoir Dieu ? Par les sens ? Ou par le cœur ? Car il y a deux manières de percevoir les choses. Et l'on pourrait poursuivre ainsi la parabole :

... Le croyant va alors cueillir une fleur dans le jardin et sans mot dire, l'offre avec un sourire au sceptique toujours accoudé à la clôture :

— "Pourquoi ce geste d'affection ?" demande celui-ci surpris.

— "Pour te demander si tu peux voir cette vieille amitié qui nous lie depuis tant d'années ?"

— "Mais non, bien sûr ! L'essentiel est invisible pour les yeux, comme disait le Petit Prince ! On ne voit bien qu'avec le cœur !"

— "N'en serait-il pas alors de même de Celui qui avec tant d'amour a fait pousser ce jardin... ?"

"Ma face, nul ne peut la voir"

Dieu en effet n'est pas celui que l'on croit pouvoir saisir. Il est le Tout-Autre. C'est tout l'enseignement de la Bible.

Le prophète Elie (1er Livre des Rois 19, 9-13) en fait l'expérience quand il se prépare à le rencontrer au sortir de la grotte. Dieu n'est ni dans le vent intense et violent qui se lève, fend la montagne et brise la roche. Ni dans la terre qui tremble. Ni dans le feu qui jaillit et brûle tout sur son passage. Mais dans "la voix d'un profond silence..." Comme un léger souffle, un bruissement imperceptible qui effleure l'herbe. C'est Dieu. "Dieu est encore le pauvre qui va sans bruit dans l'herbe du monde, le nécessiteux sans cesse rejeté, toujours là" (Jean Sulivan).

Moïse en fait aussi l'expérience lorsqu'il conduit à travers le désert les troupeaux de Jéthro, son beau-père et qu'il pénètre au plus profond du désert jusqu'à la montagne de Dieu : l'Horeb. Le buisson de feu crépite. Pour s'en approcher, il doit se dépouiller : "Ote tes sandales". La flamme s'élève, la voix se fait entendre, mais le visage de Dieu, il ne le découvrira vraiment qu'à travers les actions de libération du peuple esclave en Égypte (Livre de l'Exode 3, 1-22).

Et quand il insiste à nouveau pour le voir : "Fais-moi connaître l'éclat de ta présence...", Dieu lui répond : "Je passerai devant toi... mais tu ne me verras que de dos : ma face, nul ne peut la voir" (Livre de l'Exode 33, 18-23).

On doit renoncer à saisir l'Insaisissable. Nous ne verrons Dieu que de nuit, ou de dos... Et par le cœur...

Mais voici une fracture dans le cours de l'histoire : celui que l'on ne pouvait voir que de dos prend un visage. A travers ce visage humain se révèlera le visage invisible de Dieu. "Qui me voit, voit le Père", dit Jésus de Nazareth. Et l'Évangile nous permet, pas à pas, de découvrir la face de Dieu sous les traits du fils du charpentier.

"PERSONNE N'A JAMAIS VU DIEU,
MAIS LE FILS UNIQUE QUI EST DIEU ET QUI
EST TOUJOURS A CÔTÉ DU PÈRE,
NOUS FAIT CONNAÎTRE DIEU"
(ÉVANGILE SELON ST JEAN, 1, 18).

Dieu est le Tout-Autre.

On ne peut parler de Lui que par analogie : « Il est *comme* un Père, *comme* une lumière, *comme* une immense Énergie. Au terme, les mystiques disent : « On ne peut même pas Le nommer... »

O TOI, l'au-delà de tout...

O TOI l'au-delà de tout,
Comment t'appeler d'un autre nom ?
Quel hymne peut te chanter ?
Aucun mot ne t'exprime.
Quel esprit te saisir ?
Nulle intelligence ne te conçoit.
Seul, tu es ineffable ;
tout ce qui se dit est sorti de toi.
Tous les êtres te célèbrent,
ceux qui parlent et ceux qui sont muets.
Tous les êtres te rendent hommage,
ceux qui pensent, comme ceux qui ne pensent pas.
L'universel désir, le gémissement de tous aspirent vers toi.
Tout ce qui existe te prie
et vers toi, tout être qui sait lire ton univers,
fait monter un hymne de silence.
Tout ce qui demeure, demeure en toi seul.
Le mouvement de l'univers déferle en toi.
De tous les êtres tu es la fin, tu es unique.
Tu es chacun et tu n'es aucun.
Tu n'es pas un seul être, tu n'es pas l'ensemble :
tu as tous les noms.
Comme t'appellerai-je,
Toi, le seul qu'on ne peut nommer ?
Quel esprit céleste pourra pénétrer les nuées
qui voilent le ciel lui-même ?
Aie pitié, ô Toi, l'au-delà de tout !

Grégoire de Naziance.

"Tu crois savoir ce que c'est que Dieu ? Tu crois savoir qui est Dieu ? Quoique tu imagines, ce n'est pas Dieu. Quoique tu comprennes, ce n'est pas Dieu. Si tu peux comprendre, alors tu as compris autre chose. Et si tu peux comprendre ainsi, c'est que ton esprit t'a trompé."

Saint Augustin.

LA CONNAISSANCE DE DIEU EST REÇUE COMME UNE GRÂCE.
"C'EST POURQUOI JE FLÉCHIS LES GENOUX DEVANT LE PÈRE, QU'IL DAIGNE, SELON LA RICHESSE DE SA GLOIRE, VOUS ARMER DE PUISSANCE PAR SON ESPRIT, POUR QUE SE FORTIFIE EN VOUS L'HOMME INTÉRIEUR. VOUS AUREZ AINSI LA FORCE DE COMPRENDRE, CE QU'EST LA LARGEUR, LA LONGUEUR, LA HAUTEUR, LA PROFONDEUR DE L'AMOUR DU CHRIST QUI SURPASSE TOUTE CONNAISSANCE, AFIN QUE VOUS SOYEZ COMBLÉS JUSQU'A RECEVOIR TOUTE LA PLÉNITUDE DE DIEU..."
(LETTRE DE ST PAUL AUX ÉPHÉSIENS 3, 14-19)

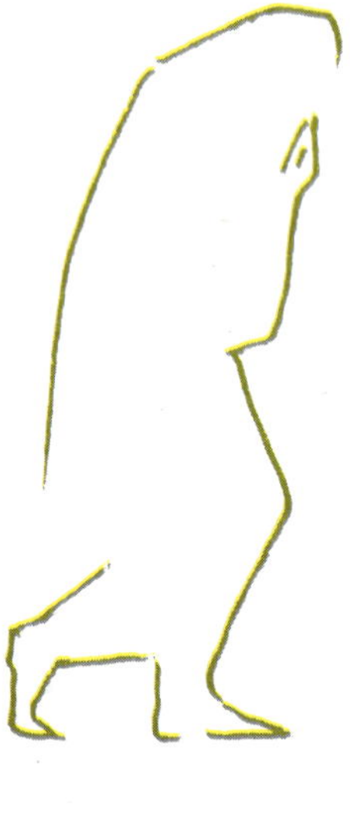

Dieu est aussi comme un mendiant.

Il a voulu avoir besoin des hommes. Il quête leur amour. Mais pour se donner à son tour.

Le mendiant royal.

J'ÉTAIS allé, mendiant de porte en porte, sur le chemin du village, lorsque ton chariot d'or apparut au loin, pareil à un rêve splendide et j'admirais quel était ce Roi de tous les rois !

Mes espoirs exultèrent et je pensais : c'en est fini des mauvais jours ! Et je me tenais prêt dans l'attente d'aumônes spontanées et de richesses éparpillées partout dans la poussière.

Le chariot s'arrêta là où je me tenais. Ton regard tomba sur moi et tu descendis avec un sourire. Je sentis que la chance de ma vie était enfin venue.

Soudain, alors, tu me tendis la main droite et dis : "Qu'as-tu à me donner ?"

Ah ! Quel jeu royal était-ce là de tendre la main au mendiant pour mendier !

J'étais confus et je demeurai perplexe ; enfin, de ma besace, je tirai lentement un tout petit grain de blé et je te le donnai.

Mais combien fut grande ma surprise lorsque, à la fin du jour, vidant à terre mon sac, je trouvai un tout petit grain d'or parmi le tas de pauvres grains. Je pleurai amèrement alors et pensai : "Que n'ai-je eu le cœur à te donner mon tout..."

R. Tagore.

C'EST QUE DIEU EST CŒUR.
"DIEU EST PLUS GRAND QUE NOTRE CŒUR"
DIT L'APÔTRE JEAN. IL NOUS AIME
FOLLEMENT. AUSSI, DIT JÉSUS : "VOICI LE
PLUS GRAND DES COMMANDEMENTS : TU
AIMERAS LE SEIGNEUR TON DIEU DE TOUTE
TA FORCE, DE TOUTE TA PENSÉE"
(ÉVANGILE SELON ST LUC 10, 27).
ET ALORS IL TE SERA RENDU AU CENTUPLE,
CAR "IL Y A PLUS DE JOIE A DONNER QU'A
RECEVOIR" AIMAIT DIRE JÉSUS...

"Mon âme a soif du Dieu vivant"
chante le croyant. Quand le verrai-je face à face ?" (Psaume 42, 3).

Cette soif devient alors contagieuse. L'exemple des mystiques est plus contagieux que tout.

Comment faire boire un âne qui n'a pas soif...

COMMENT faire boire un âne qui n'a pas soif ? Et comment, toute révérence gardée, donner la soif et le goût de Dieu aux hommes qui l'ont perdu ?...

Comment faire boire un âne en respectant sa liberté ?

Une seule réponse : trouver un autre âne qui a soif... et qui boira longuement, avec joie et volupté, au côté de son congénère. Non pas pour donner le bon exemple, mais parce qu'il a fondamentalement soif, vraiment, simplement soif, perpétuellement soif.

Un jour peut-être, son frère, pris d'envie, se demandera s'il ne ferait pas bien de plonger, lui aussi, son museau dans le baquet d'eau fraîche.

Des hommes ayant soif de Dieu sont plus efficaces que tant d'âneries racontées sur lui...

Père Loew

"COMME UNE BICHE SOUPIRE APRÈS L'EAU VIVE
AINSI SOUPIRE MON ÂME VERS TOI, MON DIEU..." (PSAUME 42, 1-2)
"CELUI QUI BOIRA DE L'EAU QUE JE LUI DONNERAI, UNE EAU VIVE, DIT JÉSUS, N'AURA JAMAIS SOIF".
"ALORS, SEIGNEUR : DONNE-MOI DE CETTE EAU POUR QUE JE N'AIE PLUS JAMAIS SOIF !"
(ÉVANGILE SELON ST JEAN, 4, 14-15).

"JE crois" dit le croyant, mais il connaît aussi des doutes...

La peur a frappé.
La foi a répondu.
Il n'y avait personne... *"Le Cep"*

Pour trouver Dieu,

il faut le chercher. Car il n'est pas enclos dans une définition de catéchisme ou assigné à résidence dans un temple. Dieu est Quelqu'un que l'on cherche "de tout son cœur, de toutes ses forces". Avec certitude de Le trouver, car Son Fils a dit : "Cherchez, et vous trouverez ! Frappez et l'on vous ouvrira !" (Évangile selon St Matthieu 7, 7).

Dieu et les champignons...

TROUVER Dieu, pardonnez-moi, mais c'est un peu comme trouver des champignons...

Pour trouver des champignons, il faut d'abord les chercher. Celui qui ne cherche pas Dieu ne le trouvera jamais. Dans certains cas cependant, le hasard — si hasard il y a —, fait bien les choses. Mais ceci est exceptionnel. C'est vrai pour les champignons, c'est vrai pour Dieu.

Pour que la récolte soit bonne, il faut d'abord se lever assez tôt. Il faut rouler, il faut marcher. La cueillette des champignons demande un véritable effort. On ne trouve pas Dieu dans la richesse, la mollesse et les plaisirs.

Pour trouver des champignons, il faut y croire. Il faut en avoir envie, il faut se mettre dans les conditions voulues pour que l'opération réussisse. Pour trouver Dieu c'est pareil !

Beaucoup de gens vous diront : "Cette année on n'en trouve pas beaucoup... et puis nous n'avons pas eu le temps". Comme d'autres diront : "Chercher Dieu ? Mais pourquoi faire ? Ça ne rapporte rien ! Et puis, on verra bien cela plus tard !"

D'autres personnes essayeront de vous prouver par a + b que Dieu n'existe pas. Ça me rappelle cet homme qui me répétait pour la troisième fois : "Non, cette année, il n'y a pas de champignons !" Je lui répondis qu'en cherchant bien on en trouverait. "Non, ce n'est pas vrai il n'y en a pas !" Ce jour-là mon sac tyrolien était rempli de chanterelles et

j'étais pressé d'arriver à ma voiture pour le décharger. Mon homme était persuadé du contraire parce qu'il n'avait pas observé.

Regarder la nature, c'est regarder Dieu. Si on avait assez de simplicité et la naïveté de l'enfant, partout on verrait Dieu. Ce joli carré de chanterelles, ça vous touche le cœur. Faut-il les ramasser, faut-il les regarder, tellement c'est beau ? On ne fera pas croire à un ramasseur de champignons que la nature s'est faite toute seule !

La comparaison la plus frappante entre Dieu et les champignons — pardon si je vous choque —, est certainement la découverte. Au début on en trouve peu, mais par habitude on continue de chercher. Dieu, on y croit un peu, mais ça ne nous accroche pas tellement. Et puis d'un seul coup, au moment où on s'y attend le moins, il y en a partout, c'est tout jaune, le ramasseur n'en croit pas ses yeux. Idem avec Dieu ! Dieu est là. Il s'adresse à vous par les événements et les hommes, vous sentez vraiment sa présence et c'est alors que l'on se trouve vraiment petit...

Je pousserai encore plus loin ma comparaison... Lorsque vous arrêtez de monter et que vous prenez le chemin du retour avec un sac bien garni mais avec beaucoup de lassitude, de nouveaux champignons se présentent devant vous. Vous ne pouvez pas les laisser. Cette fois, ce n'est pas vous qui les cherchez, mais c'est eux qui se mettent au travers de votre chemin. Pour Dieu, c'est pareil : au moment où vous ne pensez plus à lui, c'est Lui qui vient à vous.

Remercions Dieu de sa présence. Et aussi de ses champignons !

d'après "La Vie", 14 février 1980

"CHERCHEZ D'ABORD LE ROYAUME DE DIEU ET SA JUSTICE, ET TOUT LE RESTE VOUS SERA DONNÉ PAR SURCROIT"
(ÉVANGILE SELON ST MATTHIEU 6, 33-34).

Il est Tout-Puissant, oui, mais non à la manière d'un potentat au pouvoir absolu. Il est Tout-Puissant, oui, mais de tendresse. Parce que toujours présent à notre vie, surtout aux moments les plus difficiles...

Les pas dans le sable.

UN jour, un homme arriva au Paradis et demanda à Dieu s'il pouvait voir toute sa vie, aussi bien les joies que les moments difficiles. Et Dieu le lui accorda.

Il lui fit voir toute sa vie, comme si elle se trouvait projetée le long d'une plage de sable. Et lui, l'homme, se promenait le long de cette plage.

L'homme vit que tout le long du chemin il y avait quatre empreintes de pas sur le sable, les siennes et celles de Dieu. Mais dans les moments difficiles, il n'y en avait plus que deux. Très surpris et même peiné, il dit à Dieu :

— “Je vois que c'est justement dans les moments difficiles que tu m'as laissé seul...”

— “Mais non, lui répondit Dieu, dans les moments difficiles, il y avait seulement les traces de mes pas à moi, parce qu'alors, je te portais dans mes bras...”

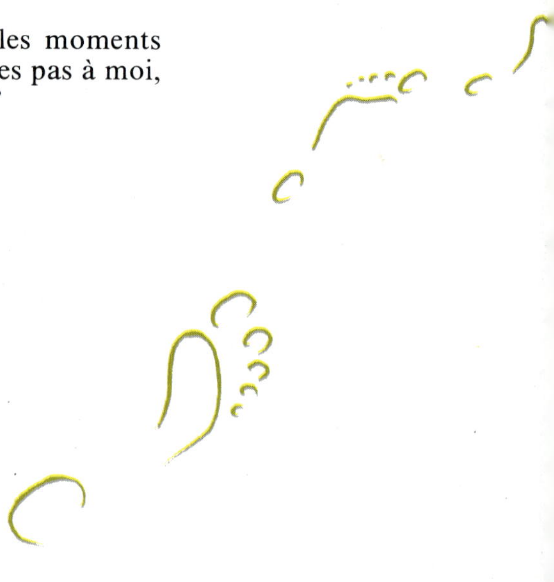

"JETTE TOUS TES SOUCIS DANS LE SEIGNEUR, ET C'EST LUI QUI LES PRENDRA EN CHARGE."
"NE VOUS INQUIÉTEZ PAS POUR VOTRE VIE DE CE QUE VOUS MANGEREZ, NI POUR VOTRE CORPS DE QUOI VOUS SEREZ VÊTUS. NE DITES PAS : QUE MANGERONS-NOUS ? QUE BOIRONS-NOUS ? DE QUOI SERONS-NOUS VÊTUS ? CAR TOUTES CES CHOSES, CE SONT LES PAÏENS QUI LES RECHERCHENT. VOTRE PÈRE CÉLESTE SAIT BIEN QUE VOUS EN AVEZ BESOIN !"
(ÉVANGILE SELON ST MATTHIEU 6, 25, 31-32)

Un soir le jeune Blaise Pascal,

le futur mathématicien, dit à son père :

— "Papa, Dieu m'a merveilleusement protégé aujourd'hui : mon cheval a trébuché, s'est affaissé sous moi et je n'ai eu aucun mal..."

— "Mon fils, dit le père, Dieu m'a bien plus merveilleusement protégé encore : j'ai fait une course de vingt kilomètres, et mon cheval n'a pas trébuché même une seule fois."

Mais si Dieu est Providence, toute puissante, Il ne fait pas les choses à notre place. Car Il nous a donné à la fois les forces suffisantes pour faire face, et notre pleine liberté d'hommes. Il ne va pas nous retirer d'une main ce qu'Il nous a donné de l'autre ! Mais Il demeure toujours présent : comme un Père.

"Tout seul !"

CELA se passait sur le terrain de jeu d'un Centre de rééducation fonctionnelle pour handicapés. Jean-François, dix ans, appareillé aux deux jambes, trébuche et tombe par terre. Passe son éducateur : "Christian, viens me relever !" — "..." — "Christian, viens me relever !" — "..."— L'éducateur se contente de le regarder avec un grand sourire.

Pleurant et tempêtant, Jean-François commence à s'appuyer sur ses bras, sur son derrière et finit par se remettre debout. Tout clopinant, il se jette sur Christian qui lui ouvre tout grand les bras, toujours souriant :

— "Tout seul !, tu as vu je me suis relevé tout seul !" Et Jean-François de s'arrêter une seconde. Puis il lui dit dans un cri : "Non, pas tout seul ! tu étais là"...

— "Oui, Jean-François, répond Christian. Et je t'aiderai toujours. Mais comme ça !"

Dieu n'est pas une roue de secours. Ou un moteur auxiliaire que l'on branche seulement dans les côtes, alors que le reste du temps on s'en passe fort bien !

Comprenons-nous bien. L'erreur n'est pas de nous adresser à Dieu quand nous avons besoin de Lui ! Il dit lui-même : "Demandez et vous recevrez..." Mais de lui demander de faire à notre place ce qui relève de notre propre responsabilité.

Dieu et l'homme ne sont ni des concurrents ni des rivaux, de telle sorte que Dieu serait jaloux de voir l'homme grandir en intelligence, et réaliser de plus en plus de découvertes scientifiques ou de prouesses techniques. Car c'est Dieu qui lui a donné cette intelligence et ces capacités. Mais il les lui a confiées, comme des talents, pour construire, main dans la main avec Lui, sa propre destinée. Dieu et l'homme sont des collaborateurs.

"Dieu créa l'homme à son image" proclame en effet la Bible dès ses premières lignes. "Homme et femme Il les créa. Il les bénit et leur dit : Soyez féconds, remplissez la terre, assujettissez-la, dominez tout le cosmos ! Et Dieu vit que cela était bon, très bon" (d'après le Livre de la Genèse 1, 27-29).

On peut alors tout demander à Dieu. Mais comme à un Père. Et parfois nous le verrons se pencher vers nous et nous glisser à l'oreille : "Fais-le, toi-même ! Je t'ai donné des forces pour cela. Je suis avec toi". C'est cela, le Dieu-Providence.

Quand on taille un vêtement...

... "Il donne à chacun selon ce qui lui convient et vaut le mieux pour lui. Quand on taille un vêtement pour quelqu'un, on l'adapte à sa mesure, et ce qui va bien à l'un n'irait pas du tout à l'autre..."

Maître Eckart

La Création est la parabole de Dieu. La Nature est le Grand Livre de sa manifestation.

Le Cantique des Créatures

TRÈS haut, tout puissant et bon Seigneur,
A toi louange, gloire, honneur et toute bénédiction !
A toi seul, ils conviennent, O Très-Haut,
Et nul homme n'est digne de te nommer.

Loué sois-tu mon Seigneur, dans toutes tes créatures,
Spécialement Messire frère Soleil,
Par qui tu nous donnes le jour, la lumière ;
Il est beau, rayonnant, d'une grande splendeur,
Et de toi le Très-Haut, il nous offre le symbole.

Loué sois-tu, mon Seigneur, pour sœur Lune et les Étoiles !
Dans le ciel tu les as formées, claires, précieuses et belles.

Loué sois-tu, mon Seigneur, pour frère Vent.
Et pour l'Air et les Nuages, pour l'azur calme
Et tous les temps
Par lesquels tu donnes soutien à toute créature.

Loué sois-tu, mon Seigneur, pour sœur Eau,
Qui est très utile et très humble, précieuse et pure !

Loué sois-tu, mon Seigneur, pour frère Feu,
Par qui tu éclaires la nuit !
Il est beau et joyeux, indomptable et fort !

Loué sois-tu, mon Seigneur, pour sœur notre mère La Terre,
Qui nous porte et nous nourrit,
Qui produit la diversité des fruits,
Avec les fleurs diaprées et les herbes

Louez et bénissez mon Seigneur,
Rendez-lui grâce et servez-le en toute humilité.

St François d'Assise.

“AU COMMENCEMENT, DIEU CRÉA LES CIEUX ET LA TERRE. LA TERRE ÉTAIT INFORME ET VIDE. IL Y AVAIT DES TÉNÈBRES A LA SURFACE DE L'ABIME. ET DIEU DIT : QUE LA LUMIÈRE SOIT ! ET LA LUMIÈRE FUT. ET DIEU VIT QUE LA LUMIÈRE ÉTAIT BONNE...
AINSI FURENT ACHEVÉS LES CIEUX ET LA TERRE ET TOUTE LEUR ARMÉE.”
(LIVRE DE LA GENÈSE, CHAPITRE 1)

Au sommet de la Création, l'homme :

"L'Éternel Dieu forma l'homme de la poussière de la terre, il souffla dans ses narines un souffle de vie et l'homme devint un être vivant. (Alors) Il le prit et le plaça dans le jardin d'Eden pour le cultiver et le garder". (Livre de la Genèse 2, 7, 15).

L'homme est le chantre de la Création. Il en est le Grand Prêtre, "reliant" le monde à Dieu. Aussi l'homme est-il fondamentalement "religieux".

Tout acte d'homme peut alors devenir un acte religieux. Tout le quotidien — travail, amour, loisir —, peut devenir prière.

Vous Le verrez marchant dans les nuages...

UN vieux prêtre dit : Parlez-nous de la Religion.

Et le Prophète dit :

Ai-je parlé aujourd'hui de quelque autre chose ?

La Religion n'est-ce pas tout acte et toute réflexion ?

Et ce qui n'est ni acte ni réflexion, mais un étonnement et une surprise toujours naissant dans l'âme, même lorsque les mains taillent la pierre ou tendent le métier ?

Qui peut séparer sa foi de ses actions, ou sa croyance de ses occupations ?

Qui peut étendre ses heures devant lui, disant,

"Ceci pour Dieu et ceci pour moi-même ; ceci pour mon âme et ceci pour mon corps ?"

Toutes vos heures sont des ailes qui battent à travers l'espace d'un moi à un moi...

Et celui pour qui l'adoration est une fenêtre, à ouvrir mais aussi à fermer, n'a pas encore visité la demeure de son âme dont les fenêtres sont ouvertes d'une aurore à l'autre.

Votre vie quotidienne est votre temple et votre Religion.

Lorsque vous y pénétrez prenez tout votre être avec vous.

Prenez la charrue et la forge et le maillet et le luth, les choses que vous avez modelées dans le besoin ou pour votre délice...

Et si vous voulez connaître Dieu, ne soyez pas préoccupés de résoudre des énigmes.

Regardez plutôt autour de vous et vous Le verrez jouant avec vos enfants.

Et regardez dans l'espace ; vous Le verrez marchant dans les nuages, étendant Ses bras dans l'éclair et descendant en pluie.

Vous Le verrez souriant dans les fleurs, puis Se levant et mouvant Ses mains dans les arbres.

Khalil Gibran

“HOMME ET FEMME IL LES CRÉA”.
(LIVRE DE LA GENÈSE 1, 27).
“L’ÉTERNEL DIEU DIT : ‘IL N’EST PAS BON QUE L’HOMME SOIT SEUL. JE LUI FERAI UNE AIDE SEMBLABLE A LUI’. IL FIT VENIR VERS L’HOMME TOUS LES ANIMAUX DES CHAMPS ET TOUS LES OISEAUX DU CIEL. MAIS IL NE TROUVA PAS D’AIDE SEMBLABLE A LUI.
ALORS L’ÉTERNEL DIEU FIT TOMBER UN PROFOND SOMMEIL SUR L’HOMME. IL PRIT UNE DE SES CÔTES, ET REFERMA LA CHAIR A SA PLACE.
C’EST POURQUOI L’HOMME QUITTERA SON PÈRE ET SA MÈRE, IL S’ATTACHERA A SA FEMME, ET ILS DEVIENDRONT UNE SEULE CHAIR”.
(LIVRE DE LA GENÈSE 2, 18-24)

Tirée du côté de l’Homme, au plus proche de son cœur, la Femme : pour faire une seule chair...

Viens habiter la respiration de notre amour...

SEIGNEUR, Toi qui nous as créés à ton image et ressemblance,
homme et femme, mystérieux mélange de terre
animé de ton souffle divin,
viens habiter la respiration de notre amour.
Que chacune de nos aspirations soit accueil
et que chacune de nos expirations soit don,
au rythme de ton propre amour.

Seigneur,
Toi, la source jaillissante de tout amour humain,
accorde-nous la grâce de devenir,
l’un pour l’autre,
un signe de ton invisible Présence,
un appel à aimer sans retour,
un sacrement, un chemin
qui conduit vers ton Royaume de vie éternelle.

Seigneur, donne-nous assez de foi
pour bâtir la maison de notre amour,

pierre par pierre, sur le Roc du Christ.
Garde-nous des lézardes
qui la menaceraient de ruine.
Apprends-nous à bâtir une maison
qui ferme ses volets
aux mauvais vents de l'usure du temps
et ouvre ses portes à tous ceux qui ont besoin
de réchauffer leur cœur
à la vive flamme de notre bonheur.

Seigneur, apprends-nous
à tisser le manteau de notre amour
avec les mailles de la fidélité,
du pardon et de la patience,
de la vérité, de la joie et de la souffrance.
Aide-nous à ne filer
aucune petite maille
source d'une irrémédiable déchirure.

Seigneur,
quand viendront les heures de tempête,
donne-nous la force de jeter vers Toi
l'ancre de la prière
afin de pouvoir atteindre, ensemble,
et pour toujours,
la rive de ton éternité.

Seigneur,
que la gratuité et la fécondité de notre amour
chantent ton Alliance avec la terre
et célèbrent les noces
du Christ et du peuple de Dieu.

Michel Hubaut.

"MARIS, AIMEZ VOS FEMMES, COMME LE CHRIST A AIMÉ L'ÉGLISE, ET S'EST LIVRÉ LUI-MÊME POUR ELLE. C'EST AINSI QUE LES MARIS DOIVENT AIMER LEURS FEMMES COMME LEUR PROPRE CORPS, COMME LE CHRIST LE FAIT POUR L'ÉGLISE".
(LETTRE DE ST PAUL AUX ÉPHÉSIENS, 5, 25-29).

Aimer, être fidèle toute une vie ? Est-ce bien possible ?

"Les pharisiens abordèrent Jésus et dirent pour le mettre dans l'embarras : Est-il permis à un homme de répudier sa femme pour un motif quelconque ?

Il répondit : N'avez-vous pas lu que le créateur, au commencement, fit l'homme et la femme et qu'il dit : C'est pourquoi l'homme quittera son père et sa mère et s'attachera à sa femme, et les deux deviendront une seule chair ? Ainsi, ils ne sont plus deux, mais une seule chair...

Ses disciples lui dirent alors : Si telle est la condition de l'homme à l'égard de la femme, il n'est pas avantageux de se marier !" (Évangile selon St Matthieu 19, 3-10).

Mais Jésus ajoutera aussi : "Aux hommes, cela est impossible, mais tout est possible à Dieu" (19, 26).

Tout amour, pour être durable, doit donc être bâti sur le seul roc solide, Dieu, qui est lui-même Amour : "Si Dieu ne bâtit la maison, dit le Psaume, c'est en vain que travaillent les maçons".

Il doit être ensuite bâti sur le réalisme d'une communication vraie, qui ne saurait en aucun cas être une fusion. Dans toute communication, il faut laisser l'espace ouvert d'une distance nécessaire pour exister en tant que personne, d'une distance vitale.

Comme les piliers du Temple.

ALORS Almitra parla de nouveau et dit : "et le Mariage, Maître ?"

Et il répondit disant :

"Vous êtes nés ensemble et ensemble vous resterez pour toujours.

Vous resterez ensemble quand les blanches ailes de la mort disperseront vos jours.

Oui, vous serez ensemble jusque dans la silencieuse mémoire de Dieu.

Mais qu'il y ait des espaces dans votre communion,

Et que les vents du ciel dansent entre vous.

Aimez-vous l'un l'autre, mais ne faites pas de l'amour une entrave :

Qu'il soit plutôt une mer mouvante entre les rivages de vos âmes.

Emplissez chacun la coupe de l'autre, mais ne buvez pas à une seule coupe.

Partagez votre pain, mais ne mangez pas de la même miche.

Chantez et dansez ensemble et soyez joyeux, mais demeurez chacun seul,

De même que les cordes d'un luth sont seules cependant qu'elles vibrent de la même harmonie.

Donnez vos cœurs, mais non pas à la garde l'un de l'autre.

Car seule la main de la vie peut contenir vos cœurs.

Et tenez-vous ensemble, mais pas trop proches non plus :

car les piliers du temple s'érigent à distance, et le chêne et le cyprès ne croissent pas dans l'ombre l'un de l'autre".

Khalil Gibran

Le cœur de la foi chrétienne est résumé dans ce cri — que l'on appelle "kérygme", du nom du héraut qui en Grèce faisait les proclamations officielles — : "Jésus-Christ est vivant ! Il t'offre le salut ! Convertis-toi ! Il est temps !" C'est l'appel pressant à prendre une décision, une décision vitale.

Mais parfois on laisse passer l'occasion, pensant qu'il sera bien temps... demain. Est-ce attitude sage ?

Savoir saisir l'occasion...

UN jour, un jeune homme partit à la recherche d'œufs d'oiseaux de mer sur les parois des falaises surplombant l'océan. Sa provision était déjà belle lorsqu'il aperçut un magnifique nid bien pourvu en blanches ogives, quelques mètres plus bas. Prévoyant, il avait apporté une corde. Prudent, il l'amarre autour d'un solide bec rocheux. Sportif, il descend en rappel en direction de la corniche. Mais pour l'atteindre, il doit faire un pendule de quelques mètres à l'horizontale, qui l'amène à bon-port, les deux pieds sur la plate-forme inacessible.

Lorsque, catastrophe ! la corde lui échappe des mains et se met narquoisement à penduler le long de la paroi ! Le balancement l'approche du varappeur, puis l'éloigne, tel un métronome...

Mais le vide est profond, il hésite à se lancer pour la rattraper... C'est pourtant son seul salut. S'il ne la saisit pas, il est condamné à mourir accroché à cette falaise perdue. Et à chaque oscillation, la distance s'accroît... la prochaine occasion sera plus mince... Il faut se décider... Rassemblant toute son énergie, il plonge dans le vide et attrape le filin. Sauvé !

Ainsi Jésus-Christ et son invitation à la conversion et au salut sont-ils proches de vous aujourd'hui. Plus proches peut-être qu'ils ne seront jamais. Nous déciderons-nous ?

D'un prédicateur Évangélique.

... ET EN JÉSUS CHRIST, SON FILS UNIQUE, NOTRE SEIGNEUR, QUI A ÉTÉ CONÇU DU SAINT-ESPRIT...

“HOMMES ISRAÉLITES, ÉCOUTEZ”, S’ÉCRIE PIERRE A L’ADRESSE DE LA FOULE AGGLUTINÉE AUTOUR DE LA MAISON, LE JOUR DE LA PENTECÔTE. “JÉSUS DE NAZARETH, CET HOMME QUE VOUS AVEZ FAIT MOURIR, DIEU L’A RESSUSCITÉ !” ALORS LES GENS, TOUCHÉS AU CŒUR, DE LUI DEMANDER : “QUE NOUS FAUT-IL DONC FAIRE ?” – “REPENTEZ-VOUS ! ET QUE CHACUN DE VOUS SOIT BAPTISÉ AU NOM DE JÉSUS-CHRIST !” ILS FURENT TROIS MILLE CE JOUR-LA A ENTENDRE L’APPEL.

(LIVRE DES ACTES DES APÔTRES 2, 22-41).

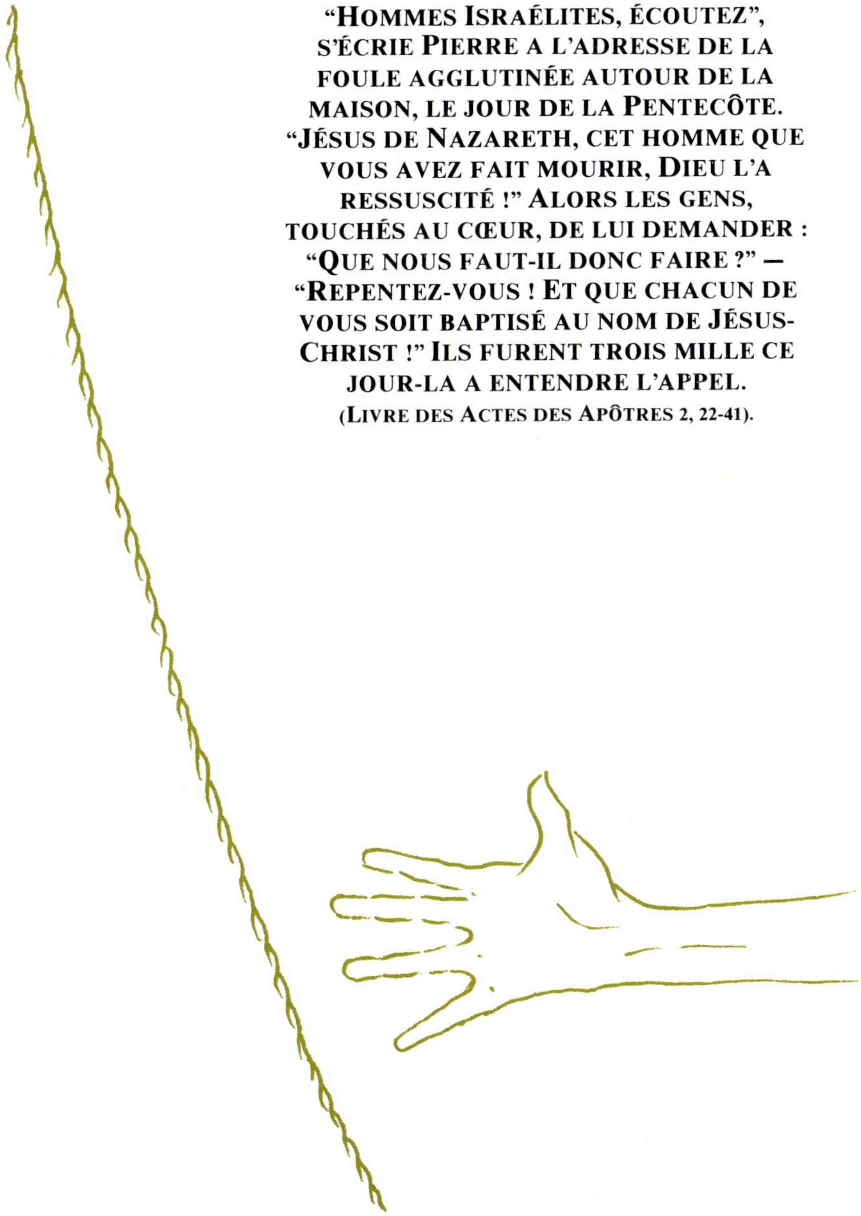

Au nom de Jésus-Christ...

Se convertir, c'est dire oui à Jésus-Christ. Il fut un temps où cela coûtait cher...

Il fut un temps où Dieu était choquant...

IL fut un temps où "Dieu-fait-homme" coûtait les galères ou les mines de sel à perpétuité. Le nom de Jésus-Christ suffisait à vous faire condamner à mort. En ce temps-là on ne mettait pas le crucifix sur les étiquettes de vin d'Espagne. On faisait encore attention à ce que l'on disait.

Il fut un temps où le nom de Jésus-Christ faisait non seulement tourner la tête, mais avait une telle puissance explosive qu'il retournait une vie comme une vulgaire crêpe. On appelait cela une conversion. C'était de la dynamite.

Le nom de Jésus-Christ ne se buvait pas alors entre un double scotch et un champagne brut. Il se chuchotait dans les caves des bas quartiers de Corinthe, au fond des trous des prisons de Rome, sous les soupentes des dockers d'Antioche. Le nom de Jésus-Christ faisait briller les yeux. Il avait le ventre creux, il attrapait le typhus dans les convois d'esclaves, il était mal rasé, il sentait la sueur, une odeur d'émigré, de sale Juif, de bicot... et du même coup, au nom de Jésus-Christ, la racaille apprenait que son nom à elle était : Homme-Fils de Dieu-Dignité.

Jésus-Christ tenait tellement au ventre qu'il fallait déchirer les tripes si on voulait arracher Dieu.

Dieu était choquant.

Jean Debruynne.

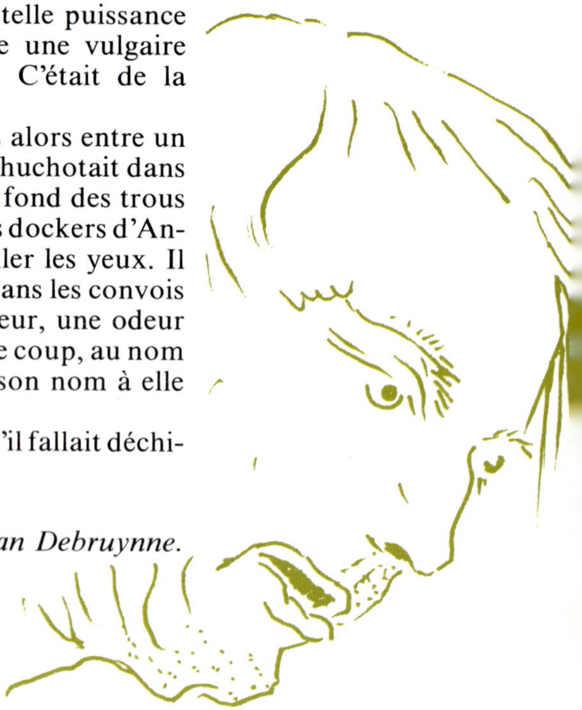

TOUT A FAIT AU DÉBUT DE LA PREMIÈRE COMMUNAUTÉ CHRÉTIENNE, PIERRE ET LES APÔTRES FURENT ARRÊTÉS A JÉRUSALEM ET TRADUITS DEVANT LE GRAND CONSEIL DES NOTABLES JUIFS, LE SANHÉDRIN : "NE VOUS AVONS-NOUS PAS DÉFENDU EXPRESSÉMENT D'ENSEIGNER AU NOM DU CHRIST ?" CEUX-CI RÉPONDIRENT : "IL FAUT OBÉIR A DIEU PLUTÔT QU'AUX HOMMES !" — FURIEUX DE CES PAROLES ILS VOULAIENT LES FAIRE MOURIR. MAIS FINALEMENT AYANT APPELÉ LES APÔTRES, ILS LES FIRENT BATTRE DE VERGES, ILS LEUR DÉFENDIRENT DE PARLER AU NOM DE JÉSUS, ET ILS LES RELÂCHÈRENT. LES APÔTRES SE RETIRÈRENT, JOYEUX D'AVOIR ÉTÉ JUGÉS DIGNES DE SUBIR DES OUTRAGES POUR LE NOM DE JÉSUS. ET CHAQUE JOUR, DANS LE TEMPLE ET LES MAISONS, ILS NE CESSAIENT D'ENSEIGNER ET D'ANNONCER LA BONNE NOUVELLE DE JÉSUS-CHRIST".

(LIVRE DES ACTES DES APÔTRES 5, 27-42).

Qui est Jésus ?

Même aux yeux des non-croyants, l'événement Jésus-Christ marque un bouleversement radical dans l'histoire du monde.

Environ sous le règne de Tibère...

ENVIRON sous le règne de Tibère, nul ne sait exactement où ni quand, un personnage dont on ignore le nom a ouvert une brèche à l'horizon des hommes.

Ce n'était sans doute ni un philosophe ni un tribun, mais il a dû vivre de telle manière que toute sa vie signifiait : chacun de nous peut, à chaque instant, commencer un nouvel avenir.

Des dizaines, des centaines peut-être de conteurs populaires ont chanté cette bonne nouvelle. Nous en connaissons trois ou quatre.

Le choc qu'ils avaient reçu, ils l'ont exprimé avec les images des simples gens, des humiliés, des offensés, des meurtris, quand ils rêvent que tout est devenu possible : l'aveugle qui se met à voir, le paralytique à marcher, les affamés du désert qui reçoivent du pain, la prostituée en qui se réveille une femme, cet enfant mort qui recommence à vivre.

Pour prier jusqu'au bout la bonne nouvelle il fallait que lui-même, par sa résurrection, annonce que toutes les limites, la limite suprême : la mort même, a été vaincue.

Tel ou tel érudit peut contester chaque fait de cette existence, mais cela ne change rien à cette certitude qui change la vie. Un brasier a été allumé. Il prouve l'étincelle ou la flambée première qui lui a donné naissance.

Ce brasier ce fut d'abord une levée de gueux, sans quoi, de Néron à Dioclétien, l'"establishment" ne les aurait pas frappés si fort.

Chez cet homme, l'amour devait être militant, subversif, sans quoi, lui, le premier n'aurait pas été crucifié.

Toutes les sagesses, jusque là, méditaient sur le destin,

sur la nécessité confondue avec la raison. Il a montré leur folie. Lui, le contraire du destin, Lui, la liberté, la création, la vie. Lui, qui a délaissé l'histoire.

Il accomplissait les promesses des héros et des martyrs du grand éveil de la liberté. Pas seulement les espérances d'Esaïe ou les colères d'Ezéchiel. Prométhée était désenchaîné. Antigone désemmurée. Ces chaînes et ces murs, images mythiques du destin, tombaient devant lui en poussière. Tous les dieux étaient morts et l'homme commençait.

C'était comme une nouvelle naissance de l'homme.

Roger Garaudy.

Aux yeux du croyant, Jésus est tout cela mais aussi bien autre chose encore. Comme le proclamait l'apôtre Pierre quelques jours après Sa mort :

"ISRAÉLITES ! JÉSUS DE NAZARETH, CET HOMME A QUI DIEU A RENDU TÉMOIGNAGE DEVANT VOUS PAR LES MIRACLES, LES PRODIGES ET LES SIGNES QU'IL A OPÉRÉS PAR LUI AU MILIEU DE VOUS, DIEU L'A RESSUSCITÉ EN LE DÉLIVRANT DES LIENS DE LA MORT ! QUE TOUTE LA MAISON D'ISRAËL SACHE DONC AVEC CERTITUDE QUE DIEU A FAIT SEIGNEUR ET CHRIST CE JÉSUS QUE VOUS AVEZ CRUCIFIÉ".
(LIVRE DES ACTES DES APÔTRES 2, 22-36)

Mais Jésus disait lui-même à un homme qui cherchait la Vérité avec toute sa bonne volonté : "Toi, tu n'es pas loin du royaume de Dieu".

"Ce séducteur"...

Jésus n'a pas perdu son pouvoir de séduction sur les hommes aujourd'hui. Bien au contraire.

Docteur Alain Bombard
Biologiste, navigateur solitaire.

JUSQU'A quinze ans environ Jésus-Christ n'existait pas pour moi. A quinze ans, j'ai senti qu'il était mon refuge pour chercher le Seigneur et j'ai cru le trouver.

A vingt il n'était plus rien. Puis à vingt-huit ans je suis parti seul sur la mer. Jamais Jésus-Christ ne m'a quitté. Il était le seul appui qui ne trompe jamais. Il m'approuvait et m'aidait. Et je crois que s'il n'était pas à côté de nous toujours, l'humanité marcherait à sa perte. Mais puisqu'il est là nous serons sauvés. Et Il est là.

Louis de Funès.
Comédien.

Jésus-Christ a été pour moi le radieux compagnon de mon enfance, de mon adolescence. Et il est maintenant et toujours le radieux compagnon de ma vie familiale et professionnelle.

Arthur Rubinstein.
Pianiste.

POUR moi, Jésus-Christ a été depuis toujours, est et sera l'être le plus sublime, suprême et idéal que l'humanité ait produit. En tant que Juif c'est le seul orgueil que je ressens d'être de sa race. Son existence, ses paroles, son sacrifice et sa foi ont donné au monde le plus noble cadeau qu'il ait jamais reçu : celui de l'amour, l'amour de son prochain, l'amour du pauvre, la pitié, l'humilité, enfin tous les sentiments qui ennoblissent l'être humain.

Cependant, j'ai la conviction qu'on ne peut pas le concevoir comme un être qui ne soit pas de ce monde, comme un Dieu. A mes yeux cela lui enlèverait la qualité du martyr suprême, je préfère donc l'aimer, l'adorer comme l'Homme suprême.

Madame Soleil.
Animatrice radio.

Le Christ a apporté au monde une passion évolutive que jamais aucune autre religion n'avait apportée. Je crois à l'Évangile parce que personne n'avait apporté un tel levier d'énergie pour évoluer.

Françoise Dolto.
Psychanalyste et écrivain.

NOUS sommes des mammifères sociaux et intelligents. L'intelligence nous rend prudents et nous obéissons à un très fort instinct de conservation. Jésus nous dit : Vous êtes tellement plus que cela ! Votre cœur est fait pour l'amour de Dieu et de grands désirs, pas seulement pour des besoins et des défenses.

Un chauffeur de bus.

JE le rencontre quelque fois mais sans le chercher, car mon esprit n'est pas assez souvent tourné vers lui. Je le prie rarement, car je ne sais pas le prier et le trouver vivant dans ma prière. Mais je sais qu'il est présent en moi quand je fais quelque chose de bon, et que c'est lui qui m'a guidé pour le faire. J'aimerais le connaître davantage, mais je manque de volonté pour cela et c'est tellement dur de faire le bien par idéal pour quelqu'un qu'on ne voit pas. Et les soucis d'argent, de travail, de maladie sont tellement plus présents que mon esprit n'est pas assez grand pour Lui.

Lanza del Vasto.

Pour moi comme pour tout chrétien, Jésus-Christ est le fils du Dieu vivant, la vérité incarnée en son verbe, le sauveur de ceux qui croient en lui et aiment son terrible et crucifiant amour. Il est venu clamer les commandements qui délivrent :
Soyez pauvres
Soyez non violents
Soyez miséricordieux
Soyez purs de cœur
Faites œuvre de paix
Et laissez-vous persécuter pour la justice
Entrez ainsi dès aujourd'hui dans le royaume des cieux.

Un de ses compagnons.

JÉSUS ÉTAIT VENU DANS LA RÉGION DE CÉSARÉE DE PHILIPPE, ET IL DEMANDAIT A SES DISCIPLES : "D'APRÈS CE QU'ON DIT, QUI EST LE FILS DE L'HOMME ?"
ILS RÉPONDIRENT : "POUR LES UNS C'EST JEAN-BAPTISTE. POUR LES AUTRES, ELIE. POUR D'AUTRES ENCORE, JÉRÉMIE OU L'UN DES PROPHÈTES".
JÉSUS LEUR DIT : "MAIS D'APRÈS VOUS QUI SUIS-JE ?"
PRENANT LA PAROLE, SIMON PIERRE DIT : "TU ES LE MESSIE, LE FILS DU DIEU VIVANT".
(ÉVANGILE SELON ST MATTHIEU 16, 13-16)

Que de millions d'années pour que la Terre porte l'Homme. Que de millions d'années pour que l'humanité porte la Femme qui donnera au monde son plus beau fruit : Jésus. Que d'années dans nos vies pour préparer notre entrée dans La Vie.

Toute préparation, même longue, même douloureuse est en vue d'un épanouissement. Comme un temps d'enfantement. Comme un Avent.

Au bout de la route.

AU bout de la route, il n'y a pas la route,
mais le terme du pèlerinage.

Au bout de l'ascension, il n'y a pas l'ascension,
mais le sommet.

Au bout de la nuit il n'y a pas la nuit,
mais l'aurore.

Au bout de l'hiver il n'y a pas l'hiver,
mais le printemps.

Au bout de la mort, il n'y a pas la mort,
mais la vie.

Au bout du désespoir, il n'y a pas le désespoir,
mais l'espérance.

Au bout de l'humanité, il n'y a pas l'homme,
mais l'homme-Dieu.

Au bout de l'Avent, il n'y a pas l'Avent,
mais Noël.

Joseph Folliet.

"CEUX QUI SÈMENT DANS LES LARMES MOISSONNENT EN CHANTANT ! CELUI QUI MARCHE EN PLEURANT, QUAND IL PORTE LA SEMENCE, REVIENT AVEC ALLÉGRESSE QUAND IL PORTE SES GERBES".
(PSAUME 126, 5-6)

"Heureux les cœurs purs".

La Vierge Marie a représenté au long des siècles chrétiens, l'image de la tendresse maternelle. Au Moyen-Age, au temps de l'amour courtois, on la révérait fort. Troubadours, trouvères et autres ménestrels la chantaient au travers de belles légendes comme celle-ci :

Le petit jongleur de Notre-Dame.

AU temps du roi Saint Louis, il y avait en France un pauvre jongleur de Compiègne, Barnabé, qui allait par les villages, faisant des tours de force et d'adresse.

Les jours de foire, il étendait sur la place publique un vieux tapis et après avoir attiré enfants et badauds, il mettait une assiette d'étain en équilibre sur son nez. Se tenant sur les mains la tête en bas, il jetait en l'air et rattrapait avec ses pieds six boules de cuivre. Se renversant jusqu'à ce que sa nuque touchât ses talons, il donnait à son corps la forme d'une roue parfaite et jonglait, dans cette posture, avec douze couteaux. Un murmure d'admiration s'élevait dans l'assistance.

Pourtant, comme la plupart de ceux qui vivent de leurs talents, il avait grand peine à vivre. C'était un homme de bien, craignant Dieu et très dévôt à la Sainte Vierge. Il ne manquait jamais quand il entrait dans une église, d'aller s'agenouiller devant l'image de la mère de Dieu pour lui dire : "Madame, prenez soin de ma vie jusqu'à ce qu'il plaise à Dieu que je meure, et quand je serai mort, faites-moi avoir les joies du paradis..."

Or un jour il vit sur la route un moine qui suivait le même chemin, et le salua.

— Compagnon, dit le moine, d'où vient que vous êtes habillé tout de vert ?

— Tel que vous me voyez, je suis jongleur. Ce serait le plus bel état du monde, si on y mangeait tous les jours !

— Ami, reprit le moine, il n'y a pas de plus bel état au monde que l'état monastique. On y célèbre les louanges de

Dieu, de la Vierge et des saints, et la vie du religieux est un perpétuel cantique !

— Mon père, je voudrais bien comme vous, chanter tous les jours l'office de la très Sainte Vierge !

Le moine fut touché de la simplicité du jongleur. C'est pourquoi il lui répondit :

— Ami, venez avec moi et je vous feraï entrer dans le couvent dont je suis prieur.

C'est ainsi que Barnabé devint moine. Dans le couvent où il fut reçu, les religieux célébraient à l'envi le culte de la Sainte Vierge et chacun employait à la servir tout le savoir et toute l'habileté que Dieu lui avait donnés.

Le prieur composait des livres sur les vertus de la Mère de Dieu, un autre copiait d'une main savante des traités sur des feuilles de velin, un autre y peignait de fines miniatures. Un autre taillait sans cesse des statues de pierre. Il y avait aussi dans le couvent des poètes qui composaient en latin des hymnes en l'honneur de la Vierge Marie.

Voyant tout cela, frère Barnabé se lamentait :

— Hélas ! soupirait-il en se promenant tout seul dans le cloître, je suis bien malheureux de ne pouvoir, comme mes frères, louer la Mère de Dieu que j'aime tant. Hélas, je suis un homme rude et sans art et n'ai pour votre service, Madame la Vierge, ni sermons édifiants, ni traités savants, ni fines peintures, ni statues, ni vers.

Il s'abandonnait ainsi à la tristesse. Or un soir que les moines se récréaient en parlant, il entendit raconter l'histoire d'un religieux qui ne savait réciter qu'Ave Maria. On le méprisait pour son ignorance. Mais à sa mort il lui sortit cinq roses de la bouche en l'honneur des cinq lettres du nom de Marie, et sa sainteté fut ainsi manifestée.

En écoutant ce récit, Barnabé ne fut point consolé, car il voulait servir la gloire de sa Dame qui est aux Cieux.

Il en cherchait le moyen sans pouvoir le trouver, et il se lamentait chaque jour davantage, quand un matin, s'étant réveillé tout joyeux, il courut à la chapelle et y resta seul pendant une heure. Il y retourna l'après-midi. Et depuis lors il allait chaque jour dans cette chapelle à l'heure où elle était déserte, et il y passait une grande partie du temps que les autres consacraient à leurs savants travaux. Il n'était plus triste et cela intrigua le prieur et les moines. Le prieur vint avec deux anciens et regarda par les fentes de la porte.

Ils virent Barnabé qui, devant l'autel de la Sainte Vierge, la tête en bas, les pieds en l'air, jonglait avec six boules et douze couteaux : il faisait en l'honneur de la Sainte Mère de Dieu les tours qui lui avaient valu tant de louanges.

Ne comprenant pas que cet homme simple mettait ainsi son talent au service de Marie, les deux anciens criaient au sacrilège. Même le prieur qui connaissait l'âme de Barnabé, le croyait un peu dérangé. Tous trois s'apprêtaient à l'interrompre quand ils virent la Sainte Vierge descendre les marches de l'autel pour venir essuyer d'un pan de son manteau bleu la sueur qui coulait du front de son petit jongleur.

Alors le prieur, tombant à genoux, s'écria :

"Heureux les cœurs purs et simples car ils verront Dieu !"

Mystère du Moyen-Age.

"VOYANT LA FOULE, JÉSUS MONTA SUR LA MONTAGNE.
ET IL ENSEIGNA EN DISANT :
'HEUREUX LES PAUVRES EN ESPRIT, CAR LE ROYAUME DES CIEUX EST A EUX !
HEUREUX LES AFFLIGÉS, CAR ILS SERONT CONSOLÉS !
HEUREUX CEUX QUI ONT LE CŒUR PUR, CAR ILS VERRONT DIEU !' "
(ÉVANGILE SELON ST MATTHIEU 5, 1-8)

Légende de Noël.

Les légendes de Noël sont aussi vieilles que l'Évangile. Elles ne sont que légendes, mais elles touchent directement l'esprit d'enfance — qui n'est pas esprit infantile — caché au fond du cœur de tout homme, et l'ouvrent à l'émerveillement. Car l'homme rêve toujours de ce qu'il aime.

La Nativité est le plus souvent au centre de tels contes où la Nature entière, hommes et bêtes, terre et ciel, se mettent en route dans une lente procession d'offrandes de toutes leurs richesses à Celui qui a voulu naître pauvre : à la manière des santons de Provence.

Dans ce cortège viennent en bonne place les trois sages de l'Orient, les Rois-Mages auxquels la tradition a attribué les noms de Gaspar, porteur de l'or, Melchior, agenouillé près de l'encens, Balthazar au visage d'ébène, offrant la myrrhe cueillie sans doute au pied du Sinaï. Or il était une fois...

Le quatrième voyageur.

UNE vieille légende raconte que lorsque les trois saints rois avaient déposé leurs cadeaux devant l'enfant et sa mère, celui-ci ne voulut pas sourire. Marie aurait caché dans les plis de son voile la myrrhe, car elle voyait déjà cette plante amère baignant dans le vin qu'elle aurait à tendre à son fils suspendu en croix, pour étancher sa soif. Et gênée aussi de voir brûler devant elle cet encens qu'elle avait vu brûler au temple de Jérusalem en l'honneur de Yahvé, au temps de sa jeunesse, elle détourna ses yeux pleins de larmes. Quant à l'enfant, il ne tendit pas ses petites mains vers l'or éclatant : ce n'était pas pour cela qu'il était venu. Il détourna la tête pour embrasser les larmes qui brillaient sur les joues de sa mère.

Alors, quand la tête du dernier dromadaire eut passé le pli de la dernière montagne, et que le dernier tintement des harnais se fut éteint sur la route de Jérusalem, parut le quatrième voyageur.

Il venait d'un lointain pays sur le bord du Golfe Persique. Lui aussi avait aperçu un soir l'Étoile mystérieuse et inconnue, baignant dans le miroir calme des eaux de la Mer. Il s'était levé et avait tout abandonné, n'emportant que trois perles précieuses et quelques provisions pour la route : rondes galettes fleurant bon l'orge de la dernière récolte, belles grappes de la vigne vigoureuse plantée devant la maison. En vain ses amis et ses parents cherchèrent-ils à le retenir. Il mit dans sa ceinture ses trois plus belles perles, aussi grosses que des œufs de pigeon, et partit sans se retourner pour trouver le lieu au-dessus duquel brillait l'étoile.

Il le découvrit... hélas trop tard. Les trois autres rois étaient venus, avaient laissé leurs trésors et étaient repartis. Il arrivait trop tard, seul... et les mains vides : il n'avait plus de perles...

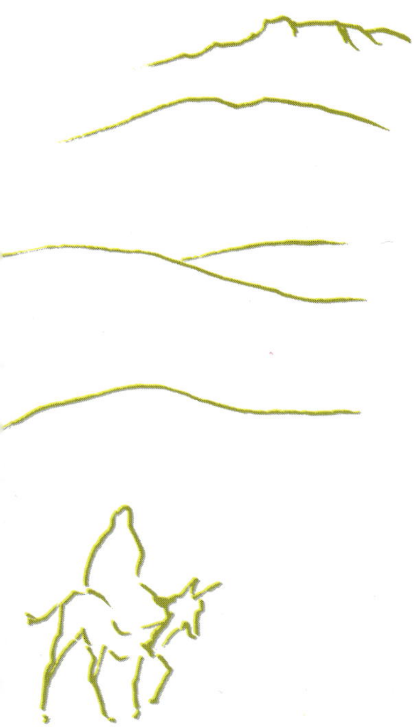

Le cœur gros, il entrouvrit lentement la porte de l'étable, au milieu de laquelle brillait l'or à la dernière lueur du jour, tandis que l'encens faisait monter ses volutes de lumière bleutée et que la Vierge Marie chantait doucement une berceuse à l'Enfant-Jésus qui reposait dans ses bras.

La tête baissée, à genoux, il commença à parler timidement :

“Seigneur, je viens bien tard et je n'ai rien à t'apporter. J'avais une offrande pour toi, trois merveilleuses pierres grosses comme des œufs de pigeons, de vraies perles de la Mer Persique. Mais voilà... Je ne les ai plus...

Les trois rois étaient devant moi sur leurs dromadaires. Et je pressais mon âne tant que je pouvais. Mais il était fatigué. Alors je m'arrêtai dans une hôtellerie pour y passer la nuit et quand j'entrai dans la salle des voyageurs, il y avait un vieillard étendu sur un banc, tremblant de fièvre. Nul ne savait d'où il était. Sa bourse était vide, on allait le jeter dehors parce qu'il n'avait pas d'argent pour payer la pension et le médecin. Alors... Seigneur, pardonne-moi... j'ai donné une perle à l'aubergiste pour qu'il le soignât.

Le lendemain je suis parti de bon matin et j'ai fait diligence. J'avais presque rattrapé la caravane devant moi quand, en traversant une gorge sauvage au milieu de la forêt d'eucalyptus et des taillis de térébinthes, j'entendis des cris en provenance d'un fourré. Je me suis précipité, Seigneur, et là, horreur ! j'aperçus des soldats qui s'étaient emparés d'une jeune femme et voulaient s'en amuser. J'étais seul. Je ne voulais pas verser de sang en venant te voir. Alors... je mis une seconde fois la main à la ceinture et j'achetais sa délivrance avec une seconde perle. Elle me baisa les mains en pleurant et s'enfuit comme une chèvre agile dans la montagne.
Je suis parti bien vite, bien vite pour t'apporter au moins la troisième perle Seigneur, car en me pressant je pouvais être à tes pieds assez tôt le soir. Déjà Bethléem apparaissait au soleil couchant. Mais une légère fumée montait de la ville, comme celle d'un incendie. Oui, c'était des soldats d'Hérode qui venaient d'y mettre le feu. Et je les entendais hurler, vociférer : "A mort les enfants de deux ans et au-dessous, tue ! tue ! Ordre du roi Hérode !" Et — quelle horreur ! — j'aperçus un grand soldat qui balançait par le pied un petit enfant au-dessus du brasier, en narguant sa mère : "Un, deux, trois, je le lâche ! Il fera un bon rôti !" La mère poussa un cri douloureux. Ah, Seigneur... j'ai donné alors tous mes joyaux, toutes mes provisions de route au soldat pour qu'il lui rendît l'enfant. Mais il voulait davantage... Et je lui ai donné la troisième perle...

Seigneur, pardonne-moi, je suis devant toi les mains vides... Je puis tout juste t'offrir cette grappe de raisins prise à ma vigne la plus belle. Les grains en sont un peu fripés, aussi pauvres que la paille sur laquelle je la pose... Pardonne-moi !"

Un grand silence régna alors dans la grange...

Quand le voyageur osa relever son front appuyé contre le sol, il vit le visage de l'enfant qui rayonnait.

Et l'Enfant tendit vers les mains vides du voyageur une grappe dont les grains transformés en perles du plus pur Orient éclairaient de tous leurs feux les moindres recoins de l'étable.

Et l'Enfant sourit...

J.J.Th.

Un chrétien des premiers siècles raconte son rêve :

L'oiseau ensanglanté.

DES myriades d'oiseaux voletaient sous un filet tendu au-dessus du sol. Sans cesse ils s'envolaient, heurtaient le filet et retombaient à terre. Le spectacle était accablant de tristesse. Mais voici qu'un oiseau s'élança à son tour. Il s'obstina à lutter contre le filet, et soudain, blessé, couvert de sang, il le rompit et s'élança vers l'azur. Ce fut un cri strident parmi tout le peuple des oiseaux, et dans un bruissement d'ailes innombrables, ils se précipitèrent vers la brèche, vers l'espace sans limite.

"Jésus ensanglanté a brisé le filet du destin. L'impossible est désormais au cœur de la foi chrétienne et de l'humanité. Cri de l'oiseau ensanglanté il veut ouvrir à tous l'espace... "Dieu est couvert de blessures d'amour qui jamais ne se ferment" écrit Lorca. Ces blessures, Dieu les reçoit sur toute la face de la terre : les guerres, les injustices, les détresses, le désespoir... blessures de Dieu ! Lorsque l'accablement et la révolte nous submergent, si seulement nous savions que Dieu souffre... L'oiseau ensanglanté s'élance sans cesse vers les filets qui pèsent sur les hommes. Entendons-nous son cri de douleur et de victoire ? Et le bruissement d'ailes innombrables est-il en train de frémir parmi les chrétiens, parmi les hommes ? Impossible de croire à la résurrection de Jésus, à la vie sans fin des hommes, si cette vie ne vient pas lutter contre toutes les formes de mort".

Fêtes et Saisons

**"BÉNI SOIT DIEU, LE PÈRE DE NOTRE SEIGNEUR JÉSUS-CHRIST QUI NOUS A BÉNIS DE TOUTES SORTES DE BÉNÉDICTIONS SPIRITUELLES EN CHRIST !
EN LUI NOUS AVONS LA RÉDEMPTION PAR SON SANG, LA RÉMISSION DES PÉCHÉS, SELON LA RICHESSE DE SA GRÂCE !
EN LUI NOUS SOMMES DEVENUS HÉRITIERS !
EN LUI, APRÈS AVOIR ENTENDU L'ÉVANGILE DE VOTRE SALUT, VOUS AVEZ CRU ET VOUS AVEZ ÉTÉ SCELLÉS DU SAINT-ESPRIT, POUR LA RÉDEMPTION DE CE QUE DIEU S'EST ACQUIS, A LA LOUANGE DE SA GLOIRE !"**

(LETTRE DE ST PAUL AUX ÉPHÉSIENS 1, 3-14).

Jésus a porté sa croix. Sans mot dire, il a donné l'exemple. Comme une invitation muette à nous aimer mutuellement, à porter nos fardeaux : par amour, tout simplement.

"Ce n'est pas un fardeau : c'est mon frère !"

SUR un sentier raide et pierreux
j'ai rencontré une petite fille
qui portait sur le dos son jeune frère.

"Mon enfant, lui ai-je dit,
tu portes un lourd fardeau".

Elle me regarde et dit :
"Ce n'est pas un fardeau, monsieur,
c'est mon frère".

Je restais interdit.
Le mot de cette enfant courageuse
s'est gravé dans mon cœur.

Et quand la peine des hommes m'accable
et que tout le courage me quitte,
le mot de l'enfant me rappelle :
Ce n'est pas un fardeau que tu portes,
c'est ton frère...

Bulletin de l'Action des Chrétiens pour l'Abolition de la Torture.

Et quand Jésus prend la parole il me dit : "Sur ta route, courage, je suis avec toi !"

L'invitation.

LE Christ a dit :
"Venez à moi
Vous tous qui peinez
et portez de lourds fardeaux
et je vous donnerai le repos".

Cela n'était pour moi
que des mots magnifiques,
sans plus,
jusqu'à ce que j'aie réalisé
que mon nom
était écrit sur l'invitation.

Viola Jackson.

L'universelle souffrance.

En Jésus-souffrant, Dieu a pris la condition des hommes, toute la condition des hommes. Laquelle ? Celle de l'universelle souffrance.

"Les hommes souffrent et sont malheureux..."

UN roi très puissant et curieux de tout convoqua un jour un célèbre historien de son royaume :

"J'ai décidé de connaître toutes choses. Résume-moi en une belle œuvre toute l'histoire de l'humanité". L'érudit s'enferme, travaille ardemment durant vingt années et se présente un jour à son maître : "Roi, voici vingt volumes, j'y ai résumé toute l'histoire de l'humanité".

Mais le roi était fort occupé à faire la guerre pour agrandir ses états : "Je n'ai pas le temps ! Pars me résumer tout cela en cinq tomes, pas un de plus !"

L'historien revient cinq ans plus tard : "Maître, suivant ton ordre, j'ai résumé toute l'histoire des hommes en cinq livres". Mais le roi était encore plus occupé à construire des palais, des barrages et des villes pour faire de son royaume le plus somptueux de tous les pays environnants : "Je n'ai pas le temps ! Résume-moi tout cela en un seul volume, et reviens dans un an !"

L'historien repart, ses livres sous le bras.

Mais quand il revient l'année suivante porteur de l'ouvrage demandé, un silence de mort enveloppe le palais. Tout le monde parle à voix basse : "Vite, le roi se meurt..."

L'érudit écrivain entre alors dans la chambre royale. Le monarque git sur son lit de brocart. D'un geste faible, il lui fait signe de s'approcher : "Je n'ai pas le temps... Je vais mourir... Résume-moi en une phrase toute l'histoire de l'humanité..."

Alors, se penchant à l'oreille du moribond, l'historien lui murmure en un souffle : "Sire, les hommes souffrent et sont malheureux..."

C'était, dit l'histoire, le Bouddha lui-même. Et de son cœur jaillirent les deux fleuves : celui de la Connaissance et celui de l'universelle Compassion.

C'est aussi la sagesse de la Bible :

"J'AI VU TOUT CE QUI SE FAIT SOUS LE SOLEIL", DIT LE SAGE QOHÉLETH "FILS DE DAVID, ROI DE JÉRUSALEM ; ET VOICI, TOUT EST VANITÉ ET POURSUITE DU VENT !"
(LIVRE DE QOHÉLETH 1, 1, 14).

MAIS AU TERME DU PARCOURS TERRESTRE, SOUS "DES CIEUX NOUVEAUX" ET "UNE TERRE NOUVELLE" LE BONHEUR NOUS EST PROMIS. CAR JÉSUS PAR SA PASSION A PRIS SUR LUI TOUTE LA SOUFFRANCE HUMAINE ET EN A CHANGÉ LE SENS. ELLE EST DEVENUE UN PASSAGE, UNE TRAVERSÉE DE LA MORT POUR ENTRER DANS LA VIE. UNE VIE DANS CE NOUVEAU MONDE OÙ DIEU LUI-MÊME "ESSUIERA TOUTE LARME DES YEUX DE SES ENFANTS, OÙ IL N'Y AURA PLUS NI DEUIL, NI CRI, NI DOULEUR, CAR LES PREMIÈRES CHOSES AURONT DISPARU..."
(LIVRE DE L'APOCALYPSE 21, 1, 4).

Jésus, par sa Résurrection, va appeler à la Vie éternelle tous ceux qui attendent "assis à l'ombre de la mort" : "aux enfers".

Ils attendent qu'Il en fasse sauter les verrous. Mais les voici bondissant de joie. C'est une foule innombrable ! Des gens de tous les âges qui vivent maintenant de Sa Vie et rayonnent de Sa Lumière. Comme tous ceux qui nous ont précédés sur l'autre rive. A la Toussaint, on lève un coin du voile et on les entraperçoit près de Dieu : "au ciel". C'est la vision inspirée que l'apôtre Jean nous dévoile dans l'Apocalypse.

"IL Y AVAIT UNE GRANDE FOULE, QUE PERSONNE NE POUVAIT COMPTER, DE TOUTE NATION, DE TOUTE TRIBU, DE TOUT PEUPLE ET DE TOUTE LANGUE ! ILS SE TENAIENT DEVANT LE TRÔNE ET DEVANT L'AGNEAU. ET ILS CRIAIENT D'UNE VOIX FORTE EN DISANT : 'LE SALUT EST A NOTRE DIEU QUI EST ASSIS SUR LE TRÔNE, ET A L'AGNEAU !'"

(LIVRE DE L'APOCALYPSE 7, 9-10).

Leurs visages sont alors tournés vers Lui. Ils sont baignés de Sa Lumière. "Comme des tournesols", disait un de mes amis...

Comme des tournesols...

AVEZ-VOUS observé les tournesols, ces grandes fleurs semblables à de petits soleils ? Les tiges se sont élevées lentement avec leurs feuilles solides et frustes. Une poussée brusque s'est produite un jour, comme un assaut vers le ciel. Et un dimanche matin, j'ai vu ici et là quelques fleurs qui semblaient soulever une lourde paupière et chercher. Elles venaient de s'ouvrir. Déjà grisées de lumière, elles tâtonnaient à s'orienter vers le soleil. Huit jours plus tard, il n'était plus possible de les compter. Tout le monde n'avait pas encore ouvert les yeux, mais il y avait des milliers et des milliers de petits soleils tournés vers l'unique.

Certaines fleurs semblaient désorientées, mais ce n'était qu'une hésitation temporaire. Toutes les autres se mouvaient lentement, leur regard accompagnant la course du grand soleil. Multitude fascinée... Un jour le temps était couvert. A travers le ciel gris, l'œil ne pouvait pas apercevoir la position du soleil. Mais les tournesols regardaient, à travers les nuages, dans la bonne direction.

En observant les tournesols s'éveiller au soleil, et le suivre “à son image et ressemblance”, pour recevoir de lui le mouvement, la vie et la fécondité, je pense à tous ces hommes, ces femmes et ces enfants, qui se laissent attirer par Dieu et se tournent vers Lui pour capter sa Lumière.

Ils sont, dans le ciel, cette “foule que nul ne peut dénombrer”, comme un champ infini de “petits soleils” resplendissant de la lumière divine qui les comble de sa plénitude.

Ils sont, sur notre terre, ces lueurs du ciel qui nous parlent d'une lumière infinie. Celui-ci par son dévouement et sa serviabilité, celui-là par son accueil et sa simplicité, cet autre par son courage et sa confiance, cet autre encore par sa foi et sa joie. Alors que des nuages obscurcissent parfois notre ciel, ils tournent nos regards vers la bonne direction.

Comme le tournesol met le soleil en fleur, les saints fleurissent le monde de la beauté du ciel. Comme la terre serait belle si chacun, là où il est planté, resplendissait, comme une fleur ensoleillée, de la lumière de Dieu !

E. Masbou

“VOUS VOUS ÊTES APPROCHÉS DE LA MONTAGNE DE SION ET DE LA CITÉ DU DIEU VIVANT, DE LA JÉRUSALEM CÉLESTE ET DE MYRIADES D'ANGES, RÉUNION DE FÊTE, ET DE L'ENSEMBLE DES PREMIERS NÉS QUI SONT INSCRITS DANS LES CIEUX, D'UN DIEU JUGE UNIVERSEL, ET DES ESPRITS DES JUSTES QUI ONT ÉTÉ RENDUS PARFAITS, DE JÉSUS MÉDIATEUR D'UNE ALLIANCE NOUVELLE, ET D'UN SANG PURIFICATEUR PLUS ÉLOQUENT QUE CELUI D'ABEL”.

(LETTRE AUX HÉBREUX 12, 22-24).

Pâques ! C'est la Victoire de Jésus sur la mort. C'est l'assurance qu'Il est toujours avec nous sur la route. C'est la certitude que notre aventure humaine ne chute pas absurdement dans le trou noir du tombeau, mais débouche dans la Lumière de la Vie avec Dieu. Pour l'éternité.

C'est cette certitude inébranlable qui poussait les paysannes russes déportées au Goulag, à résister sans faiblir à la persécution de leurs gardes-chiourmes : "Pâques ! Aujourd'hui c'est Pâques ! Travailler est un péché !"

Une déportée comme elles, mais athée, témoigne :

Un matin de Pâques, au Goulag.

DURANT ce printemps mortellement dangereux, l'exemple de fermeté morale que donnèrent les paysannes croyantes, presque analphabètes, de Voronej nous fut d'un grand secours. Cette année-là, Pâques tombait à la fin du mois d'avril. Les paysannes atteignaient la norme, chaque jour, et sans combine. Le plan de production de notre kilomètre sept se fondait essentiellement sur leur travail. Mais quand elles demandèrent la permission de chômer le premier jour des fêtes de Pâques, "le Cousin" refusa même de les écouter.

— Nous rattraperons la norme, nous travaillerons trois fois plus, mais respectez...

— Nous ne reconnaissons aucune fête religieuse. Inutile d'essayer de me convaincre ! Vous irez avec les autres dans le bois.

Ils poussèrent les paysannes à coups de crosses hors des baraques d'où elles refusaient de sortir en répétant :

— Aujourd'hui, c'est Pâques, Pâques ! Travailler est un péché !

Lorsqu'elles arrivèrent sur les lieux de travail dans le bois, elles entassèrent soigneusement leurs haches et leurs scies et, s'asseyant gravement sur les souches encore gelées, entonnèrent des prières. Les soldats de l'escorte leur ordonnèrent d'enlever leurs chaussures et de rester debout, les pieds nus dans l'eau glacée qui couvrait la surface encore gelée d'un petit lac.

Je ne sais plus combien d'heures dura cette torture, physique pour les croyantes, et morale pour nous. Elles, les pieds nus sur la glace, continuaient de prier. Nous jetâmes nos outils de travail et commençâmes à courir d'un soldat à l'autre et à les supplier en pleurant.

Cette nuit-là, le cachot disciplinaire fut si peuplé qu'on pouvait à peine y tenir debout. Cependant, la nuit passa sans que nous nous en rendîmes compte. Nous discutâmes jusqu'à l'aube. Comment juger le comportement des paysannes ? Était-ce du fanatisme ou la preuve d'une ferme volonté de défendre la liberté de leur conscience ? Fallait-il les considérer comme folles ou les admirer ? Et — cela nous inquiétait et nous troublait plus que tout autre chose — aurions-nous été capables d'en faire autant ?

Nous discutâmes avec tant d'acharnement que nous en oubliâmes la faim, la fatigue et l'humidité puante de cet endroit. Il est étonnant de remarquer qu'aucune de ces femmes restées si longtemps les pieds nus sur la glace ne tomba malade. Quand à la norme, dès les jours suivants, elles la réalisèrent à 120 %.

E.S. Guinzbourg

"POURQUOI VOUS ÉTONNEZ-VOUS DE CELA ? C'EST PAR LA FOI AU NOM DE CE JÉSUS QUE VOUS AVEZ CRUCIFIÉ ET QUE DIEU A RESSUSCITÉ DES MORTS, NOUS EN SOMMES TÉMOINS, QUE CET HOMME A ÉTÉ GUÉRI DEVANT VOUS !"

(LIVRE DES ACTES DES APÔTRES 3, 12-16).

A quelques jours de la Pentecôte, Pierre guérit un boiteux à la porte du Temple de Jérusalem. La foule s'assemble, excitée. Et Pierre leur dit :

C'est l'Amour qui ressuscite et donne vie.

"Dieu a tant aimé le monde qu'il a donné son Fils unique afin que quiconque croit en Lui ne périsse point, mais qu'il ait la Vie éternelle". (Évangile selon St Jean 3, 16).

C'est l'amour de sa femme qui maintient ce lépreux en vie.

Le sourire au lépreux.

UNE léproserie. Au sens le plus navrant, le plus odieux du terme... Des hommes qui ne font rien, auquel on ne fait rien et qui tournent en rond dans leur cour, dans leur cage... Des hommes seuls. Pis : abandonnés. Pour qui tout est déjà silence et nuit.

L'un d'eux pourtant, un seul, a gardé les yeux clairs. Il sait sourire, et lorsqu'on lui offre quelque chose, dire merci. L'un d'eux, un seul, est demeuré un homme.

La religieuse voulut connaître la cause de ce miracle. Ce qui le retenait à la vie... Elle le surveilla. Et elle vit que chaque jour, par dessus le mur si haut, si dur, un visage apparaissait. Un petit bout de visage de femme, gros comme le poing, et qui souriait. L'homme était là, attendant de recevoir ce sourire, le pain de sa force et de son espoir... Il souriait à son tour et le visage disparaissait. Alors il recommençait son attente jusqu'au lendemain.

Lorsque la missionnaire l'interrogea : "C'est ma femme, dit-il simplement. Avant que je vienne ici, elle m'a soigné en cachette. Avec tout ce qu'elle a pu trouver. Un féticheur lui avait fourni une pommade. Elle m'en enduisait chaque jour la figure... sauf un petit coin. Juste assez pour y poser ses lèvres. Mais ce fut en vain. Alors, on m'a ramassé. Mais elle m'a suivi. Et lorsque chaque jour je la vois, je sais par elle que je suis vivant et je dis : Merci !"

R. Follereau

QUAND MARIE MADELEINE SE REND AU TOMBEAU, ET SE MET A PLEURER, ENSEVELIE DANS SON CHAGRIN, PARCE QU'ELLE NE RETROUVE PLUS LE CORPS DE JÉSUS, ELLE EST ACCOSTÉE PAR QUELQU'UN QU'ELLE PREND POUR LE JARDINIER. ET QUAND CELUI-CI L'APPELLE DOUCEMENT PAR SON NOM : "MARIE...", ELLE LE RECONNAÎT, BONDIT DE JOIE. LA TENDRESSE DU RESSUSCITÉ L'A RESSUSCITÉE. "PAR LUI, JE SUIS VIVANTE !"
(ÉVANGILE SELON ST JEAN 20, 11-18).

Il m'a redonné vie ! A moi, la prostituée !

L'auteur de l'"Histoire de Michèle" était prostituée. Jésus, dit-elle, m'a arrachée à la mort...

QUI est Jésus-Christ pour moi ? Si j'osais, sans peur de scandaliser, je dirais : il est tout. Ma Joie de vivre. Ma raison de vivre. Ma force pour vivre. Il est mon unique espérance.

Et c'est tout, j'aurais envie de m'arrêter là. Mais notre monde d'aujourd'hui dirait : Tiens, encore une illuminée, une chrétienne à l'eau de rose qui revient de Lourdes.

Au fond, il aurait raison. Car notre certitude dans le Christ cela doit se voir, se traduire dans la vie par des actes, dans une solidarité partagée.

Alors, je vais essayer de traduire ce que nous vivons, lui, le Christ et moi, ensemble au long des jours. Ce ne sera pas de la théologie : qu'attendre d'une femme qui a vécu dans la prostitution durant de longues années, sinon la vie de tous les jours ?

Pour moi, le Christ c'est quelqu'un de Vivant que j'ai rencontré dans les autres. Et cette Rencontre a bouleversé toute ma pauvre vie. Longtemps bafouée, vendue, objet de plaisir, je découvrais que le Christ pouvait m'aider à devenir une femme comme les autres.

Cette certitude me venait de la part des autres. Un groupe d'hommes me respectait en tant que femme, me convainquait que ma vie n'était pas finie, n'était pas perdue. En cheminant avec eux, j'ai compris que le Christ était un homme vivant capable de refaire l'homme tout entier. Et pour moi, redevenir une femme était capital.

Alors j'ai commencé à lire sa Parole, j'ai découvert sa Vie, sa Mort, sa Résurrection. Et je me disais : cela, toi aussi tu peux le vivre.

Pendant des années, et cela continue, je pris de plus en plus conscience que le Christ dans ma vie était plus qu'une personne, qu'il était présent à l'infini dans le monde. Et que ce Christ, je devais le rencontrer chaque jour en ceux qui étaient sur ma route. Je devais le reconnaître défiguré en ce clochard, cette prostituée, ce prisonnier, ce patron, cet ouvrier, ce capitaliste...

Plus je vais, plus je me dis que l'épreuve la plus atroce serait de perdre cette certitude qu'il est le Vivant, et que nous allons vers un face-à-face éternel.

Et je n'ai plus le droit de ne pas le crier, le vivre jusqu'à en mourir. Pour moi, le Christ est vivant en tous les hommes. Il est celui qui m'a tirée du désespoir et me permet de devenir chaque jour un peu plus universelle. Il est le vivant qui veut des hommes vivants, heureux dans leur peau, capables de s'émerveiller devant la beauté et l'amour, capables d'éclater de rire et d'avoir le sens de l'humour. C'est de lui que le monde a besoin, c'est lui en tous cas qui est ma raison de vivre et que je n'aurai jamais fini de découvrir.

Michèle

"JÉSUS, FIXANT SUR LUI SON REGARD SE PRIT A L'AIMER..."
(ÉVANGILE SELON ST MARC 10, 21).

On se représente très bien les apôtres, la tête renversée en arrière, suivant du regard Jésus montant vers les cieux. Nous sommes tellement attirés par l'En-Haut ! L'Ascension de Jésus nous indique une direction. Qui de nous n'a entendu une fois ou l'autre dans sa vie l'appel de l'En-Haut, de l'Infini ?

Quand passent les canards sauvages.

A L'ÉPOQUE des migrations, il s'élève une étrange marée sur les territoires que dominent les canards sauvages. Les oiseaux domestiques sont comme aimantés par le grand vol triangulaire et ils amorcent un bond inhabile et qui échoue à quelques pas. L'appel sauvage a frappé en eux avec la vigueur d'un harpon je ne sais quel vestige. Et voilà les canards de la ferme changés pour une minute en oiseaux migrateurs. Voilà que dans cette petite tête dure où circulaient d'humbles images de mares, de vers, de poulaillers, se développent les étendues continentales, le goût des vents du large et de la géographie des mers...

Et le canard titube de droite et de gauche dans son enclos de fils de fer, pris de cette passion soudaine dont il ne sait pas où elle le tire et de ce vaste amour dont il ignore l'objet...

Ainsi l'homme qu'une évidence inconnue empoigne, découvre dans leur vanité ses occupations quotidiennes, comme aussi les douceurs de sa vie domestique. Mais il ne sait point donner un nom à cette vérité soudaine. Cet appel qui l'a remué, tourmente sans doute tous les hommes. Mais la sécurité domestique a trop bien étouffé en nous la part qui pourrait l'entendre. Nous tressaillons à peine, nous donnons deux ou trois coups d'ailes et retombons dans notre cour. Nous sommes raisonnables. Nous craignons de lâcher nos petites proies.

Le canard domestique ignorait que sa petite tête fût assez vaste pour contenir des océans...

“SI VOUS ÊTES RESSUSCITÉS AVEC LE CHRIST, RECHERCHEZ DONC CE QUI EST LA-HAUT, LA OÙ SE TROUVE LE CHRIST ASSIS A LA DROITE DU PÈRE. ESTIMEZ CE QUI EST LA-HAUT ET NON PAS LES CHOSES DE LA TERRE”.

(LETTRE DE ST PAUL AUX COLOSSIENS 3, 1-2).

Il vous est avantageux que je m'en aille.

Pourquoi Jésus a-t-il quitté la terre des hommes ? Il a donné lui-même la réponse : "Il vous est avantageux que je m'en aille" (Jean 16, 7). Pour nous laisser jouer nous-mêmes le jeu de notre vie. Et il est heureux quand il nous voit prendre nous-mêmes notre existence en main...

La légende du roi devenu fou.

J'AVAIS trente ans lorsque le roi est devenu fou. Nous avons vu arriver la troupe, le capitaine en tête. Ils se sont arrêtés devant l'église. Le capitaine a affiché une déclaration. Ils nous a regardés lentement, est remonté à cheval et s'est éloigné suivi de la troupe.

La déclaration était signée du roi. En fait, le roi nous demandait de changer, de ne plus être comme avant. Ils nous enlevait le curé, l'aubergiste. Quant aux impôts et à la construction des routes, il nous disait de faire ce que nous voulions, et que le capitaine ne s'en occuperait plus.

Nous avons lu et relu l'édit. Nous sommes allés voir le curé pour qu'il nous explique ce qui arrivait. Mais le pauvre homme avait perdu la tête et s'était réfugié dans son presbytère, puis il est parti comme l'aubergiste, sans même nous dire au revoir !

Mais pourquoi donc le Roi nous a-t-il laissés seuls ?

Les paysans se sont regardés alors sans dire un mot. Antoine, le plus riche et le plus intelligent dit : "Le roi est devenu fou". Pendant des mois, nous avons vécu comme des orphelins ou comme des pestiférés. Nous étions sans force et tristes. Jusqu'au jour où, au milieu de l'hiver, Antoine nous a tous réunis et nous a dit qu'il n'y avait aucune raison de supprimer l'auberge. Il nous a demandé d'aller tous chercher du vin et de remplir les tonneaux pour montrer que nous étions des hommes.

C'est ainsi que sur le coup de midi, nous étions tous là : hommes, femmes et enfants. Nous nous sommes installés dans l'auberge où nous avons allumé un grand feu dans la cheminée. Avec le vin, nous avions apporté du pain et du fromage. Nous avons mangé et bu, tous ensemble. Les enfants se sont mis à jouer et les femmes à bavarder. Nous, oubliant un peu notre malheur, nous avons commencé à chanter et à rire.

Mais pourquoi donc le roi nous a-t-il laissés seuls ?

Puis, le soir, réunis autour du feu, plus calmes, nous avons bavardé, les hommes d'un côté et les femmes de l'autre. A un moment Lucie a demandé le silence et pris la parole. Elle nous a dit alors que nous étions des lâches et que cela ne pouvait continuer ainsi. Pour commencer, elles, les femmes exigeaient qu'on leur construise un lavoir.

C'est Antoine qui a pris la parole. Il voulait que les femmes aient un peu moins d'exigences, mais il reconnaissait volontiers qu'elles avaient besoin d'un lavoir. Il ajouta que les deux frères du moulin pourraient s'en occuper. L'aîné des frères a demandé quatre hommes pour l'aider dans ce travail. Victor a aussitôt organisé des équipes. Baptiste a remarqué qu'il faudrait aussi s'occuper du chemin qui était en fort mauvais état. Victor a organisé de nouvelles équipes.

Mais pourquoi le Roi nous avait-il laissés seuls ?

Pour terminer cette nuit étrange, Joseph le fou, a levé la main pour demander la parole. Nous avons éclaté de rire

mais Antoine s'est fâché et a dit que Joseph avait les mêmes droits que tout le monde, et qu'il parlerait. C'est ainsi que pour la première fois nous avons écouté Joseph. Il dit doucement qu'il aimerait faire un petit jardin devant chaque maison.

Le jour se levait lorsque nous sommes allés nous coucher. Depuis ce moment, tout avait changé et rien n'avait changé... Les mêmes difficultés, les mêmes charges... mais nous, nous n'étions plus les mêmes. Aujourd'hui, il y a un joli chemin qui longe le village et un grand lavoir.

Et un jour le Roi revint... Nous avons été d'abord très déçus. Il était simplement venu, sans cour, sans armure, monté sur une simple mule. Il a souri tout le jour en se promenant dans le village. Il est parti l'après-midi, avec à la boutonnière une fleur que Joseph lui avait offerte.

Et c'est alors, quand il a disparu tout au bout de notre chemin tout neuf, que nous avons compris pourquoi notre Roi nous avait laissés seuls...

Langages des hommes.

JÉSUS DIT : "IL VOUS EST AVANTAGEUX QUE JE M'EN AILLE". MAIS IL NE NOUS LAISSE PAS SEULS POUR AUTANT. IL NOUS LAISSE SON EXEMPLE : "COMME J'AI FAIT, VOUS AUSSI VOUS DEVEZ FAIRE" (ÉVANGILE SELON ST JEAN 13, 14). IL NOUS LAISSE SON ESPRIT : "SI JE M'EN VAIS, JE VOUS ENVERRAI LE CONSOLATEUR, L'ESPRIT DE VÉRITÉ" (ÉVANGILE SELON ST JEAN 16, 7-13). ET L'ÉGLISE "NAÎT" APRÈS SON DÉPART, COMME SIGNE — "SACREMENT" — DE SA PRÉSENCE CONTINUÉE.

"Nous attendons ton Retour dans la Gloire". Les chrétiens proclament avec force cette certitude dans la prière eucharistique qui est au centre de la Cène, de la Messe.

Et si ce retour était proche ? "Veillez et priez, dit Jésus, car vous ne savez pas quand Il viendra !"

Déjà le prophète Jonas avait lancé comme un cri d'alerte cet avertissement solennel aux habitant de Ninive : "Encore quarante jours et votre ville sera détruite !" C'est la netteté et la précision de l'avertissement qui rendit percutant son message pour les Ninivites. Aussi y prêtèrent-ils attention. Ils se convertirent.

Et pour nous : dans combien de jours ?

L'horloge du jugement dernier.

UNE horloge du jugement dernier figure sur la couverture du bulletin des savants atomistes de l'Université de Chicago. En octobre 1949, lorsque l'U.R.S.S. fit exploser sa première bombe atomique, ses aiguilles marquaient midi moins trois minutes.

Elles ont marqué midi moins deux quand les U.S.A. en 1953 ont fait exploser leur première bombe H.

Elles ont été ramenées par la suite à moins sept.

En raison de la ratification du traité de non-prolifération nucléaire par le Sénat américain, elles viennent d'être reculées de trois minutes.

L'horloge du jugement dernier était récemment à moins de dix minutes du déclenchement de l'Apocalypse...

Et aujourd'hui ?

CERTES, NOUS NE SAVONS "NI LE JOUR NI L'HEURE" A DIT LE SEIGNEUR. "MAIS SI LA SENTINELLE VOIT VENIR LA MENACE, ÉCRIT LE PROPHÈTE EZÉCHIEL (33) ET NE SONNE PAS DU COR POUR AVERTIR DU DANGER, LE SANG DU PEUPLE SERA SUR SA TÊTE !"

"LORSQUE LE FILS DE L'HOMME VIENDRA DANS SA GLOIRE (AU JUGEMENT DE LA FIN DES TEMPS), AVEC TOUS LES ANGES, IL S'ASSIERA SUR LE TRÔNE DE SA GLOIRE. IL METTRA LES BREBIS A SA DROITE, ET LES BOUCS A SA GAUCHE.
ALORS LE ROI DIRA A CEUX QUI SERONT A SA DROITE : 'VENEZ, VOUS TOUS QUI ÊTES BÉNIS DE MON PÈRE. CAR J'AI EU FAIM ET VOUS M'AVEZ DONNÉ A MANGER. J'AI EU SOIF, ET VOUS M'AVEZ DONNÉ A BOIRE. J'ÉTAIS ÉTRANGER, ET VOUS M'AVEZ RECUEILLI.'
LES JUSTES LUI RÉPONDIRENT : 'SEIGNEUR, QUAND T'AVONS-NOUS VU AVOIR FAIM ET T'AVONS-NOUS DONNÉ A MANGER, OU AVOIR SOIF ET T'AVONS-NOUS DONNÉ A BOIRE ? QUAND T'AVONS-NOUS VU ÉTRANGER ET T'AVONS-NOUS RECUEILLI ?'
ET LE ROI LEUR RÉPONDRA : 'TOUTES LES FOIS QUE VOUS AVEZ FAIT CES CHOSES A L'UN DE CES PLUS PETITS DE MES FRÈRES, C'EST A MOI QUE VOUS LES AVEZ FAITES.'

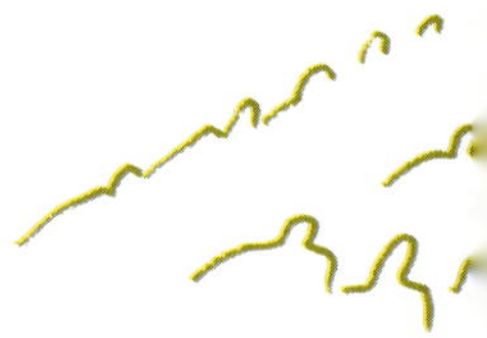

ENSUITE IL DIRA A CEUX QUI SERONT A SA GAUCHE : 'RETIREZ-VOUS DE MOI, MAUDITS ! CAR J'AI EU FAIM, ET VOUS NE M'AVEZ PAS DONNÉ A MANGER. J'AI EU SOIF, ET VOUS NE M'AVEZ PAS DONNÉ A BOIRE. J'ÉTAIS ÉTRANGER, ET VOUS NE M'AVEZ PAS RECUEILLI.'
ILS RÉPONDRONT AUSSI : 'SEIGNEUR, QUAND T'AVONS-NOUS VU AYANT FAIM, OU AYANT SOIF, OU ÉTRANGER, ET NE T'AVONS-NOUS PAS ASSISTÉ ?'
ET IL LEUR RÉPONDRA : 'TOUTES LES FOIS QUE VOUS N'AVEZ PAS FAIT CES CHOSES A L'UN DE CES PLUS PETITS, C'EST A MOI QUE VOUS NE LES AVEZ PAS FAITES' ".
(ÉVANGILE SELON ST MATTHIEU 25, 31-46)

La visite de Dieu.

LE brahmane Latchoumanane était un homme très pieux. Tous les jours, à son réveil matinal, il prenait son bain de tête rituel et partait aussitôt vers le temple, son panier d'offrandes à la main. Il allait assister au puja du matin, ce culte hindouiste rendu à Dieu trois fois par jour.

Avec ferveur il priait : "Seigneur, je viens te rendre visite chez toi, sans que j'aie manqué un seul jour. Matin et soir, je te fais des offrandes. Ne peux-tu pas venir chez moi ?"

Attentif à cette prière quotidienne, Dieu lui répondit enfin : "Demain, je viendrai !"

Quelle joie pour Latchoumanane ! Il se met à laver à grande eau toute la maison. Il fait tracer devant le seuil des kôlams, ces dessins en farine ou en pâte de riz. A l'aube, il attache une guirlande de feuilles de manguier à l'entrée de sa maison. Les kuttuvilakkus, lampes à huiles à plusieurs mèches, sont allumées sur le banc en maçonnerie que possède toute demeure indienne. Au centre de chaque kôlam s'épanouit une belle fleur jaune de potiron. Et dans la salle de réception, des plateaux de fruits, de galettes sucrées et de fleurs s'étalent à profusion. Tout est prêt pour recevoir Dieu. Latchoumanane se tient debout pour l'accueillir.

L'heure du puja matinal approche. Un petit garçon qui passe par là aperçoit par la fenêtre ouverte, les plateaux de galettes. Il s'approche : "Grand-père, tu as beaucoup de galettes, là-dedans, ne peux-tu m'en donner une ?"

Furieux de l'audace du gamin, Latchoumanane réplique : "Veux-tu filer, moucheron ! Comment oses-tu demander ce qui est préparé pour Dieu ?" Et le petit garçon, effrayé, s'enfuit.

La cloche du temple a sonné. Le puja du matin est terminé. Latchoumanane pense : "Dieu viendra après le culte de midi, attendons-le". Fatigué, il s'asseoit sur le banc. Un mendiant arrive et lui demande l'aumône. Latchoumanane le chasse vertement. Puis il lave soigneuse-

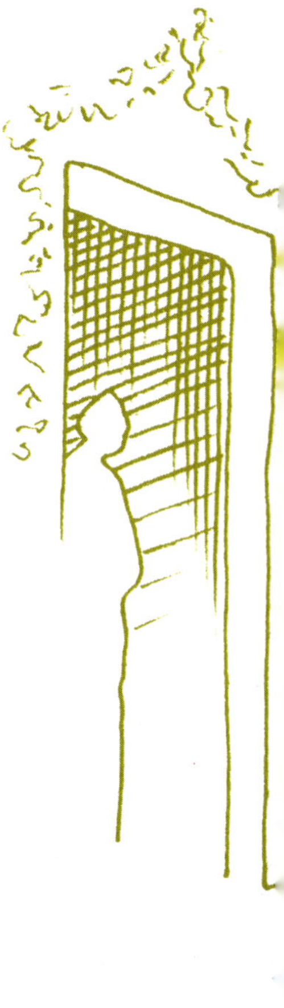

ment la place souillée par les pieds du mendiant. Et midi passe... Dieu n'est toujours pas au rendez-vous...

Le soir vient. Latchoumanane tout triste attend encore la visite promise. Un pélerin se présente à l'heure du culte du soir : “Permets-moi de me reposer sur le banc et d'y dormir cette nuit” — “Jamais de la vie ! C'est le siège réservé à Dieu !”

La nuit est tombée. Dieu n'a pas tenu sa promesse pense Latchoumanane. Quel chagrin !

Le lendemain, revenu au temple pour la prière du matin, le dévot renouvelle ses offrandes et fond en larmes : “Seigneur, tu n'es pas venu chez moi comme tu me l'avais promis ! Pourquoi ?”

Une voix lui dit alors : “Je suis venu trois fois, et trois fois tu m'as chassé...”

Conte indien.

"Au soir de notre vie, nous serons jugés sur l'amour".

L'amour de Dieu. L'amour des autres. Mais c'est le même, car l'autre a pour moi le visage de Dieu.

Et Dieu était au rendez-vous...

IL était une fois un homme du nom de Christophe. Cet homme était très âgé. Depuis son enfance, un désir le tourmentait : pouvoir rencontrer Dieu. Et voilà qu'un soir, Dieu lui fit parvenir ce message : "Christophe, je t'attends demain, avant le coucher du soleil, de l'autre côté de la vallée, au sommet de la montagne !"

Il se mit en route très tôt au petit matin pour arriver en avance au rendez-vous. Il traversa la forêt des sapins et celle des érables, et celle enfin des grands chênes. Il était midi quand Christophe parvint au fond de la vallée. Un charretier était là, suant, soufflant, tirant sur ses chevaux et sa charrette. Il cria à Christophe : "Eh l'homme ! Viens donc m'aider, je ne puis sortir ma charrette du ruisseau..."

Ce ne fut que six heures plus tard qu'ils parvinrent à la dégager. Christophe n'avait plus qu'une heure pour être au rendez-vous. Il se mit à courir, courir, gravissant la montagne. Quand, épuisé, il atteignit le sommet, le soleil était couché depuis dix minutes. Christophe tomba à genoux et pleura. Ainsi il ne verrait pas Dieu, du moins avant sa mort !

Triste et désespéré, il reprit la route en sens inverse. Près du ruisseau où il avait aidé le charretier, un enfant l'appela : "Eh, l'homme ! Veux-tu me prendre sur tes épaules pour passer l'eau ? Je suis si petit, je ne sais pas nager ! Je pourrais me noyer si tu ne m'aides pas..."

Sans rien dire, il prit l'enfant sur ses épaules. Au milieu du gué, l'enfant devint lourd, lourd et les eaux se mirent soudain à grossir. Christophe rassembla ses dernières éner-

gies. Enfin il parvint au rivage et entendit l'enfant lui dire :

"Je suis le Christ, le Fils du charretier que tout à l'heure tu aidas..."

Le charretier ! Ainsi donc, Dieu avait été en avance au rendez-vous. Il avait pris le corps d'un charretier !

Légende patristique.

"CE QUE VOUS FAITES AU PLUS PETIT D'ENTRE LES MIENS, C'EST A MOI QUE VOUS LE FAITES."
(JÉSUS).

C'est pourquoi on représente Saint Christophe portant un enfant sur ses épaules : l'Enfant-Dieu.

Ciel et Enfer.

"Aidez-vous les uns les autres... Portez mutuellement vos fardeaux".

C'est la Sagesse immémoriale des hommes. Aussi, répète la Bible : le ciel, l'enfer, c'est les autres !

Les longues baguettes.

UN vieux sage chinois reçut un jour la faveur de visiter le ciel et l'enfer.

En enfer, il vit des hommes et des femmes blêmes, décharnés, assis autour d'un tas de riz énorme et appétissant.

Ils mouraient de faim car ils n'avaient pour manger que des baguettes démesurées, longues comme des rames de sampang.

Effrayé, le sage s'enfuit au ciel. Là, il vit des hommes et des femmes assis autour d'un plat de riz tout semblable au premier.

Mais ils étaient heureux, épanouis et resplendissants de santé. Car chacun, avec ses baguettes immenses, donnait à manger à son vis à vis.

Apologue chinois.

"SOYEZ PARFAITS COMME VOTRE PÈRE CÉLESTE EST PARFAIT."
(JÉSUS).

Couvre la faiblesse de ton frère ou de ta sœur
Et Dieu oubliera ton imperfection
Le jour du jugement.

Mahomet.

L'amour et la haine sont des œillères :
Avec l'un
Tu ne vois que le bien,
Avec l'autre
Tu ne vois que le mal.

Proverbe Turc.

"NOURRIS LE PAUVRE ET L'AFFAMÉ."
(LA BIBLE)

Pour tuer un homme dans une guerre :
2 800 000 F.
Pour envoyer un homme dans l'espace :
250 000 000 000 F.
Pour éviter à un homme de mourir de faim :
50 F.

"NE TIENS PAS COMPTE DES PERSONNES."
(LA BIBLE)

Voulez-vous avoir un poste de télévision ?

Si vous êtes très pauvre, vous l'achèterez à crédit.
Vous le paierez donc, en fin de compte, bien au-dessus de son prix.

Si vous êtes dans la moyenne, ou un peu au-dessus vous l'achèterez au prix affiché.

Si vous êtes riche, vous avez sûrement un ami bien placé qui vous le fera avoir avec 30 % de réduction.

Si vous êtes très riche, le fabriquant vous l'offrira...

L'Esprit de Dieu est répandu sur tout l'univers, depuis les origines (Livre de la Genèse 1-2). Il est au cœur de tout homme depuis les origines : "Dieu envoya sur lui son souffle, et l'homme devint un être vivant" (Livre de la Genèse 2, 7).
Et le cœur de l'Esprit de Dieu, c'est l'amour.

"Mon cœur
Est devenu capable
De revêtir toutes les formes ;

Il est
Pâturages
Pour les gazelles
Et
Couvent pour le moine,
Temple pour les idoles
Et
Kaaba pour le pélerin.

Il est la table de la Torah
Et
Le livre du Coran.

Il professe la religion de l'amour
Quel que soit le lieu
Vers lequel
Se dirigent ses caravanes.

Et l'amour
Est
Ma loi
Et
Ma foi."

Ibn' Arabi, Soufi.

Si l'ennemi incline vers la paix, toi aussi incline à la paix, et confie-toi à Dieu.
Or Il est celui qui entend et connaît toutes choses.

Sourate VIII du Coran.

Les serviteurs de Dieu, Très miséricordieux, sont ceux qui marchent sur la terre avec humilité et qui répondent : Paix ! aux ignorants qui leur adressent la parole.

Sourate XXI du Coran.

Esprit de Dieu répandu sur les nations.

L'Esprit de Dieu est au cœur de tous les hommes de bonne volonté. "Il remplit l'univers" dit la Bible. Les religions sont des manifestations de cet Esprit, incomplètes parfois, parfois balbutiantes, mais toujours elles expriment le désir de l'homme de rejoindre Dieu.

Saint Paul invité par l'Aréopage d'Athènes à s'expliquer sur sa propre foi, en témoigne :

"HOMMES ATHÉNIENS, JE VOUS TROUVE A TOUS ÉGARDS EXTRÊMEMENT RELIGIEUX. CAR EN PARCOURANT VOTRE VILLE, J'AI MÊME DÉCOUVERT UN AUTEL PORTANT CETTE INSCRIPTION : "AU DIEU INCONNU". CE QUE VOUS RÉVÉREZ SANS LE CONNAÎTRE, C'EST CE QUE JE VOUS ANNONCE... LE DIEU QUI A FAIT LE MONDE ET TOUT CE QUI S'Y TROUVE, A VOULU QUE TOUS LES HOMMES CHERCHENT LE SEIGNEUR ET QU'ILS S'EFFORCENT DE LE TROUVER EN TÂTONNANT, BIEN QU'IL NE SOIT PAS LOIN DE NOUS, CAR EN LUI NOUS AVONS LA VIE, LE MOUVEMENT ET L'ÊTRE..."

(ACTES DES APÔTRES 17, 22-28)

Ce Dieu que toutes les religions cherchent, les représentants des grandes religions du monde se sont réunis pour le prier dans le même lieu : à Assise le 27 octobre 1986, à l'invitation de Jean-Paul II. Les prières pour la Paix qu'ils ont alors prononcées, nous permettent de mieux comprendre ces frères et l'esprit qui les habite.

La prière des indiens d'Amérique du Nord.

O GRAND Esprit, avec ce calumet
Symbole de Paix, de conseil, et de fraternité
Nous te demandons d'être avec nous
Et de nous bénir aujourd'hui.

O grand Esprit de mes pères,
Ceci est ma prière :
Aide-moi à sentir ton impulsion et ton message.

O grand Esprit, j'appelle ta bénédiction
Je prie pour que tu apportes la paix
A tous mes frères et sœurs en ce monde.
Je prie pour que tu nous donnes la connaissance,
Pour vivre comme frères et sœurs
Et pour nous aimer les uns les autres.

O grand Esprit, je lève mon calumet vers toi
Et vers tes messagers les Quatre Vents
Et à la Terre Mère, providence de tes enfants.

Donne-nous la Sagesse d'enseigner à nos enfants
A s'aimer, à se respecter, à se chérir les uns les autres,
De telle façon qu'ils puissent grandir dans la paix
De l'Esprit,
Que nous apprenions à partager
Toutes les bonnes choses que tu nous procures
Sur la Terre.

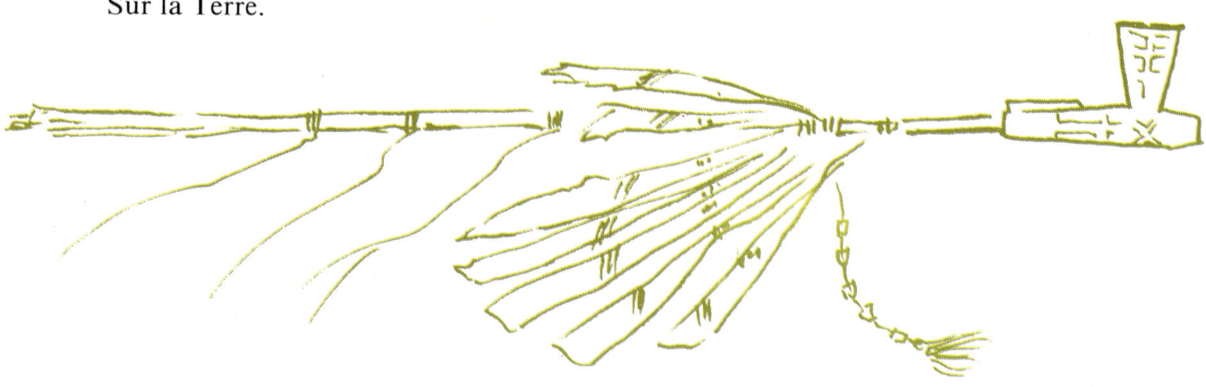

Les religions traditionnelles en Afrique noire.

Dieu tout puissant
Toi le grand Pouce auquel on ne peut échapper
Pour nouer le moindre fil.
Toi le tonnerre rugissant qui courbe les arbres puissants.
Toi Seigneur qui voit tout.
Même des hauteurs, l'empreinte de l'antilope sur le rocher.
Tu es celui qui n'hésite pas à répondre à notre appel
Tu es la pierre angulaire de la paix.
Nous prions pour la paix du monde.
Que la paix règne au Vatican,
Accorde la paix à l'Afrique.
Accorde la paix aux individus,
aux demeures et aux familles,
Étends cette paix à tous les coins du monde.

Prière des hindouistes.

O DIEU, conduis-nous de l'irréel au réel,
O Dieu, conduis-nous de l'obscurité à la lumière,
O Dieu, conduis-nous de la mort à l'immortalité,
Que la paix soit sur tous.

O Dieu Tout Puissant, qu'il y ait la paix dans les régions célestes.
Qu'il y ait la paix sur la terre.
Puissent les eaux se calmer.
Puissent les herbes être saines,
Les arbres et les plantes apporter la paix à tous.
Que tous les êtres bienfaisants nous apportent la paix.

La prière des Jaïnistes.

Celui que tu as l'intention de frapper
Ce n'est, en vérité, nul autre que toi-même.
Celui que tu veux opprimer
N'est rien d'autre, en vérité, que toi-même.
Celui que tu projettes de torturer
Ce n'est, en vérité, nul autre que toi-même.
Celui que tu veux asservir
C'est toi-même.
Et celui que tu as décidé de tuer
En vérité, ce n'est personne d'autre que toi.
Sache que la violence est la racine
De toutes les misères dans le monde.
Puisse le Seigneur, Maître de l'univers,
Trouver bon de nous accorder
La santé, l'illumination
Et la paix, cette suprême béatitude.

Pière juive.

O SEIGNEUR Notre Dieu
Et Dieu de nos pères, accomplis
Pour nous et le monde entier
La promesse que tu nous as donnée par le prophète Michée.

“Or il adviendra dans l’avenir
Que la montagne du Temple du Seigneur
Sera établie au sommet des montagnes
Et s’élèvera plus haut que les collines.
Des peuples y afflueront,
Des nations nombreuses s’y rendront
Et diront :

“Venez, montons à la montagne du Seigneur
Au Temple du Dieu de Jacob,
Pour qu’il nous enseigne ses voies
Et que nous suivions ses sentiers.
Car de Sion viendra la Loi.
Et de Jérusalem la parole du Seigneur.
Il régira des peuples nombreux
Et sera l’arbitre des nations puissantes.
De leurs épées ils forgeront des socs
Et de leurs lances des faucilles.
Les nations ne lèveront plus l’épée l’une contre l’autre
Et l’on ne s’exercera plus à la guerre.
Mais chacun restera assis sous sa vigne
Et sous son figuier,
Sans personne pour l’inquiéter.
La bouche du Seigneur a parlé.

Et que tous disent : Amen !”

La prière des bouddhistes.

Puissent tous les êtres de partout
Blessés des souffrances du corps et de l'esprit
Obtenir un océan de bonheur et de joie.
Tant qu'ils demeurent dans le cycle de l'existence
Puisse leur bonheur en ce monde ne jamais décliner.
Puissent ceux qu'affaiblit le froid trouver la chaleur
Et puissent ceux qu'oppresse la chaleur connaître
le rafraîchissement.
Puissent tous les animaux être délivrés de la crainte
D'être dévorés les uns par les autres.
Puissent tous les terrifiés échapper à la peur
Et que soient libres les asservis.
Puissent les démunis trouver la force.
Puissent tous les voyageurs
Trouver la joie, où qu'ils aillent.
Que plus jamais créature vivante ne souffre
Ne commette le mal, ne tombe malade.
Que personne ne soit effrayé ou méprisé
Et que jamais son esprit ne soit accablé.

Prière shintoïste.

ALORS que les peuples sur l'autre bord de l'océan qui nous entoure
Sont tous nos frères,
Pourquoi toujours ces troubles dans le monde ?
Pourquoi les vents et les vagues s'élèvent-ils
Dans l'océan qui nous entoure ?

Je souhaiterais, seulement, ardemment,
Que le vent balaie bien vite tous les nuages qui sont suspendus
Au sommet des montagnes.

Odes composées par des empereurs japonais.

C'est sur Jésus, Fils de Dieu, que l'Esprit a reposé en plénitude. Et par lui, sur tous ceux qui croient en Lui.

"DIEU NOUS A SAUVÉS EN NOUS DONNANT PAR LE BAPTÊME LA NOUVELLE NAISSANCE ET LE RENOUVELLEMENT DE L'ESPRIT-SAINT. CET ESPRIT, DIEU L'A RÉPANDU SUR NOUS AVEC ABONDANCE, PAR JÉSUS-CHRIST NOTRE SAUVEUR POUR NOUS JUSTIFIER PAR SA GRÂCE ET FAIRE DE VOUS SES HÉRITIERS DANS L'ESPÉRANCE DE LA VIE ÉTERNELLE".

(LETTRE DE ST PAUL A TITE 3, 5-7).

L'Église, pour nous, c'est souvent la paroisse et le clocher au pied duquel on se retrouve à certaines occasions de la vie. Ce sont des communautés bien humaines. Et donc bien imparfaites...

La chapelle aux murs moussus.

UN jour, un jeune homme vint chez un ermite et lui dit :
— Je suis déçu de ma paroisse et je cherche une communauté parfaite...

Le vieillard le conduisit vers les murailles de sa vieille chapelle et l'interrogea :

— Que vois-tu jeune homme sur les vieux murs ?

— De la mousse et surtout des mauvaises herbes, répondit le jeune garçon surpris.

— Tu vois continua l'ermite, Dieu habite pourtant cet édifice ! Il en est ainsi de ta paroisse. Elle ne peut être ni pure ni parfaite car elle est faite d'hommes. Toi aussi, tu es un homme, et même si un jour tu découvres la paroisse parfaite, elle ne le sera plus dès l'instant où tu y entreras...

"La paroisse est morte !"

MONSIEUR le Curé vient de s'approcher du micro, l'air sombre : "Mes frères, je dois vous annoncer une nouvelle bien triste : notre paroisse est morte... Vous vous êtes souvent plaints de ce qu'elle ne soit pas très vivante. Eh bien, maintenant, elle est décédée... Je vous invite tout de même à faire une dernière visite à la chère défunte à l'issue de l'office..." Brouhaha dans les chaises...

Une fois le dernier cantique chanté, les paroissiens se rangent respectueusement à la file pour l'ultime hommage à la défunte qui repose dans son cercueil au bas de la nef. Pour découvrir aussi ce visage dont les traits n'ont pas tellement marqué la plupart des paroissiens : "Dites, chuchote-t-on, comment était-elle faite... ?"

Mais voici que chacun de ceux qui se penchent à leur tour sur la bière pour contempler le visage de la chère disparue, a un brusque haut-le-corps et se retire bouleversé !

Qu'y a-t-il donc de si étrange ?

Lorsqu'arrive mon tour je me penche sur le cercueil, et, ô surprise, un visage me saute aux yeux : le mien, un visage aux yeux écarquillés... Le fond de la bière était un miroir !

La paroisse ? C'est moi, et personne d'autre.

La paroisse ? C'est moi ! Et personne d'autre...

"L'Église est toujours en retard !" "L'Église ne comprend rien !" "L'Église est faite de croulants vieillis !" Et si "l'Église", c'était moi ?

"VOUS ÊTES LE CORPS DU CHRIST ET VOUS ÊTES SES MEMBRES, CHACUN POUR SA PART".

(1ère LETTRE DE ST PAUL AUX CORINTHIENS 12, 27).

Des sensibilités différentes...

Il n'est pas toujours aisé de s'entendre pour travailler ensemble dans l'Église entre mouvements aux sensibilités bien diverses, entre militants sociaux et priants charismatiques, entre traditionalistes et progressistes...

Et si chacun était nécessaire à l'harmonie de l'ensemble, surtout quand la tempête gronde sur le monde ?

La légende de l'arc-en-ciel.

UN beau jour, toutes les couleurs du monde entier se mirent à se disputer. Chacune prétendait qu'elle était la plus belle, la plus importante, la plus utile, la préférée !

Elles se vantaient, à haute-voix chacune étant bien convaincue d'être la meilleure. Le bruit de leur querelle s'enfla de plus en plus. Soudain, un éclair d'une lumière aveuglante apparut dans le ciel, accompagné de roulements de tonnerre. La pluie commença à tomber à torrents sans discontinuer. Effrayées, toutes les couleurs se tapirent et se rapprochèrent pour chercher un abri les unes près des autres.

La pluie prit la parole : "Stupides créatures qui vous battez entre vous, chacune essayant de dominer l'autre, ne savez-vous pas que c'est Dieu qui vous a faites toutes, chacune dans un but particulier, uniques et différentes ?

Il aime chacune d'entre vous, il a besoin de vous toutes. Joignez vos mains et venez à moi. Il va vous étendre à travers le ciel en un magnifique arc-en-ciel, pour vous montrer qu'il vous aime toutes, que vous pouvez vivre ensemble en paix. Comme une promesse qu'il est avec vous, et comme un signe d'espérance pour demain..."

Ainsi, chaque fois que Dieu envoie une pluie pour laver le monde, il place l'arc-en-ciel dans son ciel, et quand nous l'apercevons nous devrions nous rappeler qu'il veut que nous sachions, nous aussi, nous apprécier les uns les autres et le louer de notre merveilleuse complémentarité...

Légende Indienne.

"IL Y A DIVERSITÉ DE DONS DANS L'ÉGLISE,
MAIS C'EST LE MÊME ESPRIT.
DIVERSITÉ DE MINISTÈRES, MAIS C'EST LE
MÊME SEIGNEUR.
DIVERSITÉ D'ACTIVITÉS, MAIS C'EST LE
MÊME DIEU QUI OPÈRE EN TOUS.
A CHACUN LA MANIFESTATION, LE DON DE
L'ESPRIT EST DONNÉ POUR L'UTILITÉ
COMMUNE.
NOUS AVONS TOUS EN EFFET ÉTÉ BAPTISÉS
DANS UN SEUL ESPRIT POUR FORMER UN
SEUL CORPS."

(1ère LETTRE AUX CORINTHIENS 12, 4-13).

Une unité brisée.

Mais un jour, l'unité de l'Église s'est fracturée. La grande verrière à travers laquelle passait la Lumière de la Vérité s'est brisée. Il s'agit alors, non pas d'empiler les morceaux les uns sur les autres, pour bénéficier de toutes les couleurs maintenant éparses, mais de retrouver le dessin originel : celui d'avant la rupture. C'est ce que veut faire l'Oecuménisme.

La légende des canards.

UN jour une grave dispute s'éleva entre les canards de la ferme. Du coup ils allèrent chacun s'installer dans leur petite mare à eux, pour barboter dans ce qui leur paraissait être le seul océan. Mais ils demeuraient quand même un peu tristes d'être séparés. Sortir de leur mare pour aller rejoindre celle des autres, il n'en était pas encore question ! Lorsqu'un jour la pluie tomba, tomba sur la ferme. L'eau, monta, monta dans chacune des petites mares. Jusqu'à ne plus faire qu'un seul grand lac où tous les petits canard enfin réunis barbotèrent de concert en éclaboussements joyeux, dans le bonheur des retrouvailles.

Ainsi, le jour où chaque communauté séparée aura suffisamment imploré la venue de l'Esprit, comme la pluie bienfaisante d'En-Haut, les eaux monteront dans chaque Église. Et l'Unité sera enfin retrouvée.

Un pasteur Luthérien.

JÉSUS, AVANT DE MOURIR, PRIE SON PÈRE :
"PÈRE SAINT, JE VAIS A TOI, GARDE EN TON NOM CEUX QUE TU M'AS DONNÉS AFIN QU'ILS SOIENT UN COMME NOUS. CE N'EST PAS POUR EUX SEULEMENT QUE JE PRIE, MAIS ENCORE POUR CEUX QUI CROIRONT EN MOI PAR LEURS PAROLES, AFIN QUE TOUS SOIENT UN COMME TOI, PÈRE, TU ES EN MOI, ET COMME JE SUIS EN TOI, AFIN QU'EUX AUSSI SOIENT UN EN NOUS, POUR QUE LE MONDE CROIE QUE TU M'AS ENVOYÉ".
(ÉVANGILE SELON ST JEAN 17, 11-23).

Nous sommes tous membres d'un même corps : celui de l'humanité. Chacun à notre place. Et chacun est responsable de sa pleine réalisation, indispensable à sa pleine stature. Chacun est indispensable en particulier à la pleine réalisation de l'harmonie entre les hommes. Chacun est responsable pour sa part de l'avènement de la Paix. Chacun peut apporter sa petite pierre à la construction. Ou son flocon de neige...

Le poids de rien.

"DIS-MOI combien pèse un flocon de neige ?" demanda la mésange charbonnière à la colombe.

— "Rien d'autre que rien", fut la réponse.

Et la mésange raconta alors à la colombe une histoire :

"J'étais sur la branche d'un sapin quand il se mit à neiger. Pas une tempête, non, juste comme un rêve, doucement, sans violence. Comme je n'avais rien de mieux à faire, je commençais à compter les flocons qui tombaient sur la branche où je me tenais.

Il en tomba 3.751.952.

Lorsque le 3.751.953^{eme} tomba — rien d'autre que rien, comme tu l'as dit — celle-ci cassa..."

Sur ce, la mésange s'envola.

La colombe, une autorité en matière de paix depuis l'époque d'un certain Noé, réfléchit un moment et se dit finalement :

"Peut-être ne manque-t-il qu'une personne pour que tout bascule et que le monde vive en paix ?"

*"Si tous les gars du monde
Décidaient un beau matin
De se donner la main
Cela ferait une belle ronde !" dit la chanson.
Le credo des chrétiens parle, lui, de la "Communion des Saints". Et Saint Paul commente ce beau rêve d'harmonie devenue réalité :*

"IL Y A PLUSIEURS MEMBRES, ET UN SEUL CORPS.
L'ŒIL NE PEUT PAS DIRE A LA MAIN : 'JE N'AI PAS BESOIN DE TOI'.
NI LA TÊTE AUX PIEDS : 'JE N'AI BESOIN DE VOUS'.
SI UN MEMBRE SOUFFRE, TOUS LES MEMBRES SOUFFRENT AVEC LUI.
SI UN MEMBRE EST HONORÉ, TOUS LES MEMBRES SE RÉJOUISSENT AVEC LUI.
CAR VOUS ÊTES LE CORPS DU CHRIST, ET VOUS ÊTES SES MEMBRES, CHACUN POUR SA PART..."

(1ère LETTRE AUX CORINTHIENS 12, 20-27).

**JÉSUS DIT :
"JE VOUS LAISSE LA PAIX,
JE VOUS DONNE MA PAIX.
CE N'EST PAS A LA MANIÈRE DU MONDE
QUE JE LA DONNE..."**

(ÉVANGILE SELON ST JEAN 14, 27).

La machinz à zcrirz dztraquéz.

"Bizn quz sa machinz à zcrirz soit d'un modèlz déjà ancizn, zllz zst zncorz zn très bon état zt lui rzndrait d'zxczllznts szrviczs si, commz vous l'apzrczvzz, unz dzs touchzs n'était détraquéz.

Il zst zxact qu'il zn rzstz quarantz-six normalzs. Mais il suffit qu'unz touchz nz travaillz pas normalzment pour crzzr czttz différzncz avzc un ouvragz bizn zxécuté".

Elle a une seule lettre défectueuse : quand on tape le "e", c'est le "z" qui sort ! Et voilà ce que cela donne avec une seule lettre défectueuse ! De même dans la "Communion des Saints". Il suffit qu'une seule personne ne fonctionne pas bien, et on imagine le résultat.

Ainsi en est-il souvent dans la vie des hommes. Une ville, une association, un mouvement, c'est comme une machine à écrire. Si quelqu'un dit : "Qu'est-ce que cela peut bien faire que je ne fonctionne pas ? Je ne suis pas indispensable !", alors, quel galimatias !

Mais si chacun tient bien sa place : quel beau texte ! Un sans-faute ! Les chrétiens disent alors : cette unité qui fait que chacun tient bien sa place et toute sa place, vient de plus loin que nous. Comme la sève qui fait gonfler les fruits de la vigne ne vient pas du seul sarment, mais du cep.

"JE SUIS LA VRAIE VIGNE DISAIT JÉSUS, ET MON PÈRE EST LE VIGNERON. JE SUIS LA VIGNE, VOUS ÊTES LES SARMENTS. DE MÊME QUE LE SARMENT, S'IL NE DEMEURE SUR LA VIGNE, NE PEUT DE LUI-MÊME PORTER DU FRUIT, VOUS NON PLUS SI VOUS NE DEMEUREZ EN MOI. CELUI QUI DEMEURE EN MOI ET EN QUI JE DEMEURE, CELUI-LA PORTERA DU FRUIT EN ABONDANCE CAR, EN DEHORS DE MOI, VOUS NE POUVEZ RIEN FAIRE. CE QUI GLORIFIE MON PÈRE, C'EST QUE VOUS PORTIEZ DU FRUIT EN ABONDANCE".

(ÉVANGILE SELON ST JEAN 15, 1-8).

"Les personnes sont des cadeaux".

La Communion des Saints, c'est un échange de cadeaux.

LES gens sont des cadeaux que le Père a enveloppés pour nous les envoyer.
Certains sont magnifiquement enveloppés.
Ils sont très attrayants, dès le premier abord.
D'autres sont enveloppés de papier très ordinaire.
D'autres ont été malmenés par la poste.
Il arrive parfois qu'il y ait une "distribution spéciale".
Certains sont des cadeaux dont l'emballage laisse à désirer.
D'autres dont l'emballage est bien fait.

Mais l'emballage n'est pas le cadeau !
C'est si facile de faire l'erreur,
Et nous rions quand les enfants prennent l'un pour l'autre.
Parfois le cadeau est très facile à ouvrir. Parfois il ne l'est pas.
Il faut alors se faire aider.
Peut-être parce que les autres ont peur ?
Ils ont peut-être été déjà ouverts et rejetés !
Ou se pourrait-il que le cadeau ne me soit pas destiné ?

Je suis une personne et donc moi, je suis un cadeau !
Un cadeau pour moi-même, d'abord.
Le Père m'a donné à moi-même.
Ai-je déjà regardé à l'intérieur de l'emballage ?
Ai-je peur de le faire ?
Peut-être n'ai-je jamais accepté le cadeau que je suis.
Pourrait-il se faire qu'il y ait à l'intérieur
Quelque chose de différent de ce que je m'imagine ?
Je n'ai peut-être jamais vu le cadeau merveilleux que je suis.
Les cadeaux du Père pourraient-ils être autre chose que magnifiques ?

J'aime les cadeaux que je reçois de ceux qui m'aiment,
Pourquoi pas les cadeaux du Père ?

Je suis un cadeau pour les autres.
Est-ce que j'accepte d'être donné par le Père aux autres ?

Les autres doivent-ils se contenter de l'emballage ?
Sans jamais pouvoir apprécier le cadeau ?

Toutes les rencontres sont des échanges de cadeaux.
Mais un cadeau sans quelqu'un qui le donne n'est pas un cadeau,
C'est une chose privée de liens avec celui qui donne ou celui qui reçoit.

Un ami est un cadeau, pas seulement pour moi,
Mais aussi pour les autres à travers moi.
Quand je garde mon ami, quand je me l'approprie, je détruis sa nature de cadeau.
Si je le mets de côté pour moi, c'est alors que je le perds.
Si je le donne aux autres, je le garde.
Les gens sont des cadeaux reçus ou donnés, comme le Fils.
L'amitié est la réponse des personnes-cadeaux au Père qui donne.
L'amitié est Eucharistie, action de grâce !

AU MOMENT DE SE SÉPARER DE SES AMIS, JÉSUS LEUR CONFIE LE CŒUR DE SON CŒUR :
"JE VOUS DONNE UN COMMANDEMENT NOUVEAU : AIMEZ-VOUS LES UNS LES AUTRES.
COMME JE VOUS AI AIMÉS, AIMEZ-VOUS LES UNS LES AUTRES.
A CECI TOUS VOUS RECONNAÎTRONT POUR MES DISCIPLES :
A L'AMOUR QUE VOUS AUREZ LES UNS POUR LES AUTRES".
(ÉVANGILE SELON ST JEAN 13, 34-35).

Communiquer, "communier" ce n'est pas toujours facile...

Communier dans l'amour, est-ce se fondre l'un dans l'autre ? L'idéal du mariage est-il la fusion totale ? Ou faut-il préserver une zone de liberté, un jardin secret, une certaine distance pour communiquer en vérité et en plénitude ? Le secret de l'amitié, de l'amour, ne serait-ce pas de trouver la bonne distance, pour n'être ni pesant, ni absent ?

Les porcs-épics.

UN troupeau de porcs-épics pâturait dans la toundra glacée de la Sibérie polaire. Chacun cherchait de son côté quelques lichens échappés au gel. Mais soudain la tempête se lève. Et le blizzard de souffler de plus en plus fort. La température chute vertigineusement. Le vent transperce la peau pourtant épaisse des animaux transis.

D'un même mouvement instinctif, le troupeau se rassemble alors pour offrir moins de prise au vent. Ils se serrent les uns contre les autres. Tout près, tout près, fondus en une seule chair pour échapper au souffle glacial et trouver quelque chaleur au contact des corps.

Mais plus ils se pressent les uns contre les autres, plus leurs aiguilles raidies par le froid leur pénètrent dans la chair, douloureusement.

Blessés, ils s'écartent alors instinctivement. Mais le vent tourbillonnant de neige les enveloppe à nouveau de sa chape glacée.

Du coup ils se rapprochent une nouvelle fois, mais en cherchant à ne pas se blesser,
ni trop loin, pour bénéficier de la chaleur de l'autre,
ni trop près pour que l'autre ne fasse pas mal...

Et cette fois ils trouvèrent :
la bonne distance...

**"BIEN-AIMÉS, AIMONS-NOUS LES UNS LES AUTRES,
CAR L'AMOUR EST DE DIEU,
ET QUICONQUE AIME EST NÉ DE DIEU ET CONNAÎT DIEU...
PERSONNE N'A JAMAIS VU DIEU.
SI NOUS NOUS AIMONS LES UNS LES AUTRES,
DIEU DEMEURE EN NOUS,
ET SON AMOUR EST PARFAIT EN NOUS".**
(1ère LETTRE DE JEAN 4, 7, 12).

Jésus est venu pour les pécheurs et les malades, et non pour les justes et les bien-portants. Il est venu pour la "rémission" des péchés. Et il y a grande joie dans le cœur de Dieu quand un pécheur revient à Lui : parce qu'il est encore plus proche de lui qu'avant de s'en être coupé par sa faute...

Le fil à nœuds.

UN vieux rabbin racontait : chacun de nous est relié à Dieu par un fil. Et lorsqu'on commet une faute, le fil est cassé.

Mais lorsqu'on regrette sa faute, Dieu fait un nœud au fil.

Du coup, le fil est plus court qu'avant. Et le pécheur est un peu plus près de Dieu !

Ainsi, de faute en repentir, de nœud en nœud, nous nous rapprochons de Dieu.

Finalement, chacun de nos péchés est l'occasion de raccourcir d'un cran la corde à nœuds et d'arriver plus vite près du cœur de Dieu.

Tout est grâce ! Même les péchés.

JÉSUS LEUR DIT CETTE PARABOLE :
"QUI D'ENTRE VOUS, S'IL A CENT BREBIS ET QU'IL EN PERD UNE NE LAISSE LES QUATRE-VINGT-DIX-NEUF AUTRES DANS LE DÉSERT POUR ALLER APRÈS CELLE QUI EST PERDUE, JUSQU'A CE QU'IL LA RETROUVE ?
LORSQU'IL L'A TROUVÉE, IL LA MET AVEC JOIE SUR SES ÉPAULES ET, DE RETOUR A LA MAISON, IL APPELLE SES AMIS ET SES VOISINS :
'RÉJOUISSEZ-VOUS AVEC MOI, CAR J'AI RETROUVÉ MA BREBIS QUI ÉTAIT PERDUE !'
DE MÊME, JE VOUS LE DIS, IL Y AURA PLUS DE JOIE DANS LE CIEL POUR UN SEUL PÉCHEUR QUI SE REPENT, QUE POUR QUATRE-VINGT-DIX-NEUF JUSTES QUI N'ONT PAS BESOIN DE REPENTANCE !"
(ÉVANGILE SELON ST LUC 15, 3-7).

La vieille pièce de monnaie.

UN jour qu'un archéologue fouillait les décombres d'une cité ancienne, il découvrit — enfouie dans la terre —, une vieille pièce de monnaie.

Elle avait triste mine : couverte de vert-de-gris, maculée par la glaise, rongée par l'humidité, abîmée par le temps ! Pas brillante ! Elle n'avait ni relief, ni figure présentable.

Il la prend alors dans ses mains avec infiniment de délicatesse, la polit et la repolit doucement.

Et, miracle ! Voici qu'apparaît peu à peu à nouveau le visage effacé du Roi à l'effigie duquel elle a été frappée.

Ainsi par son pardon Dieu peut-il remettre à neuf en nous, son Visage maculé par nos péchés.

Si nous le voulons.

"DÉBARRASSEZ-VOUS DE TOUS LES PÉCHÉS QUE VOUS AVEZ COMMIS, ET FAITES-VOUS UN CŒUR NOUVEAU, UN ESPRIT NOUVEAU".
(PROPHÈTE EZÉCHIEL 18, 30-32).

"LAVEZ-VOUS ! PURIFIEZ-VOUS ! SI VOS PÉCHÉS SONT COMME L'ÉCARLATE, ILS DEVIENDRONT BLANCS COMME LA NEIGE. S'ILS SONT ROUGES COMME LE VERMILLON, ILS DEVIENDRONT COMME LA LAINE".
(PROPHÈTE ISAÏE 1, 16-18).

Le chevalier au barizel.

C'ÉTAIT un chevalier qui avait bataillé dans tous les coins et recoins du Royaume. Lorsqu'un jour, dans une escarmouche, un trait d'arbalète avait traversé sa cuirasse et failli mettre fin séance tenante à ses jours et à ses exploits guerriers.

En un éclair il entrevit le paradis mais bien lointain et tout à fait hors de sa portée. Et l'enfer à la gueule brûlante toute proche, prête à l'engloutir. Car il avait oùblié depuis longtemps ses promesses de preux chevalier, et s'était peu à peu transformé en un soudard impénitent, tuant allègrement son prochain, pillant à l'occasion et violant pour faire bonne mesure.

Rempli d'un effroi salutaire, il jette là haume, épée et gantelets de fer et se dirige vers l'ermitage d'un moine réputé pour sa sainteté, tout au fond de la forêt.

— Mon père, je voudrais recevoir le pardon de mes fautes, car j'ai grand peur pour le salut de mon âme ! Je ferai la pénitence que vous m'indiquerez, aucune ne me fait peur !

— Eh bien, mon fils, répond l'ermite, allez simplement me remplir d'eau ce barizel, ce petit baril et rapportez-le moi.

— Vous vous moquez ! C'est une pénitence d'enfant ou de manant ! gronde le chevalier point trop converti qui lève un poing menançant pour frapper le moine.

Mais la vision de l'enfer et des diablotins grimaçants lui revient brusquement en mémoire. Aussi tout en grommelant prend-il le baril sous son bras et se dirige-t-il vers la rivière toute proche.

Stupéfaction, le barizel plongé dans le courant refuse de se remplir !

— C'est sortilège magique, rugit le pénitent ! Mais j'en viendrai à bout !

Il se dirige vers une source qui se jette dans le cours

d'eau : le barizel refuse derechef de se remplir. Furibond, il gravit en courant la colline et se précipite vers le puits du village. Peine perdue !

Un an plus tard, le vieux moine voit arriver à la porte de son ermitage un pauvre hère en haillons, les pieds ensanglantés, un baril vide dans ses bras.

— "Mon Père, dit le chevalier — car c'était lui — d'une voix douloureuse, j'ai couru tous les fleuves et toutes les sources du pays. Je n'ai pu remplir votre barizel... Maintenant, c'est sûr, vous ne me pardonnerez pas mes péchés. Hélas ! Me voilà damné pour toujours ! Ah ! mes péchés, mes lourds péchés que j'ai commis, que je les regrette !"

Et des pleurs coulent de ses yeux, sur son visage creusé. Mais voici qu'une larme tombe dans le barizel. D'un seul coup celui-ci se remplit alors à ras bord, et déborde de la plus belle eau pure que terre ait jamais vue.

Une seule larme de repentir...

Légende du Moyen-Age

**"CONVERTISSEZ-VOUS A MOI DE TOUT VOTRE CŒUR,
DANS LE JEÛNE, LES LARMES ET LE DEUIL.
DÉCHIREZ VOS CŒURS ET NON POINT VOS VÊTEMENTS.
REVENEZ AU SEIGNEUR VOTRE DIEU,
CAR IL EST TENDRESSE ET PITIÉ,
LENT A LA COLÈRE
ET RICHE EN MISÉRICORDE".**
(PROPHÈTE JOËL 2, 12-13).

L'amour d'ici-bas, avec toute sa densité de communion dans la chair, ne peut pas mourir.

C'EST un soir comme les autres. Je t'attends. Je connais non seulement le ronronnement du moteur de notre voiture, mais aussi ta façon d'accélérer ou de freiner à des endroits précis et suivant ton humeur. Les yeux fermés, j'écoute chaque bruit de la nuit. Te voilà. Tu t'arrêtes pour ouvrir la grille, tu ne la fermes pas, donc tu es fatigué, les pneus crissent sur les cailloux, les phares caressent les volets fermés, tu parles au chien, tu montes l'escalier, tu enlèves tes souliers pour ne pas me réveiller. Tu entres. Tu es là. Nous existons.

Nous parlons : ta voix, ta pensée, les mots dont tu te sers pour t'exprimer me sont les plus familiers du monde. Chacun de nous peut terminer la phrase commencée par l'autre. Et tu es, et nous sommes mystère. Le sourire de la Joconde en contient moins que le plus quelconque de tes gestes.

Anne Philippe

L'ici-bas se prolonge dans l'au-delà. Et la chair corruptible devient "corps spirituel". Comme le corps de Jésus lui-même.

Les apôtres ont fait à plusieurs reprises l'expérience de la réalité de ce corps, de cette "chair" de Jésus après sa résurrection. Mais ils ont dû vaincre leur première réaction de doute, comme Thomas :

"HUIT JOURS APRÈS LA PREMIÈRE APPARITION DU CHRIST A SES APÔTRES, DANS LA DEMEURE OU ILS SE RÉUNISSAIENT, JÉSUS ÉTAIT DE NOUVEAU LA, ET THOMAS CETTE FOIS SE TROUVAIT AVEC EUX. JÉSUS VINT, LES PORTES ÉTANT FERMÉES, SE PRÉSENTA AU MILIEU D'EUX ET DIT : 'LA PAIX SOIT AVEC VOUS !' PUIS IL DIT A THOMAS : 'AVANCE ICI TON DOIGT, ET REGARDE MES MAINS. AVANCE AUSSI TA MAIN, ET METS-LA DANS MON CÔTÉ. ET NE SOIS PAS INCRÉDULE, MAIS CROIS...' THOMAS LUI RÉPONDIT : 'MON SEIGNEUR ET MON DIEU !' JÉSUS LUI DIT : 'PARCE QUE TU M'AS VU, TU AS CRU. HEUREUX CEUX QUI N'ONT PAS VU ET QUI ONT CRU !'"

(ÉVANGILE SELON ST JEAN 20, 26-29).

Qui entrera dans la vie éternelle ? Celui qui aime. Celui qui croit. Et tout le monde croit à de belles choses. A l'amour et à la patrie, à la famille et à la liberté. C'est la foi qui sauve : la foi de celui qui croyait au ciel, celle de celui qui n'y croyait pas. Jésus disait d'un officier païen de l'armée d'occupation romaine : "Je n'ai jamais rencontré une telle foi dans mon propre peuple !"

La rose et le réséda.

CELUI qui croyait au ciel
Celui qui n'y croyait pas
Tous deux adoraient la belle
Prisonnière des soldats
Lequel montait à l'échelle
Et lequel guettait en bas
Celui qui croyait au ciel
Celui qui n'y croyait pas.

Qu'importe comment s'appelle
Cette clarté sur leurs pas
Que l'un fût de la chapelle
Et l'autre s'y dérobât
Celui qui croyait au ciel
Celui qui n'y croyait pas.

Tous les deux étaient fidèles
Des lèvres du cœur des bras
Et tous les deux disaient qu'elle
Vive et qui vivra verra
Celui qui croyait au ciel
Celui qui n'y croyait pas.

Quand les blés sont sous la grêle
Fou qui fait le délicat
Fou qui songe à ses querelles
Au cœur du commun combat
Celui qui croyait au ciel
Celui qui n'y croyait pas

Du haut de la citadelle
La sentinelle tira

Par deux fois et l'un chancelle
L'autre tombe qui mourra
Celui qui croyait au ciel
Celui qui n'y croyait pas

Ils sont en prison
Lequel
A le plus triste grabat
Lequel plus que l'autre gèle
Lequel préfère les rats
Celui qui croyait au ciel
Celui qui n'y croyait pas.

Un rebelle est un rebelle
Nos sanglots font un seul glas
Et quand vient l'aube cruelle
Passent de vie à trépas
Celui qui croyait au ciel
Celui qui n'y croyait pas

Répétant le nom de celle
Qu'aucun des deux ne trompa
Et leur sang rouge ruisselle
Même couleur même éclat
Celui qui croyait au ciel
Celui qui n'y croyait pas.

Il coule il coule et se mêle
A la terre qu'il aima
Pour qu'à la saison nouvelle
Mûrisse un raisin muscat
Celui qui croyait au ciel
Celui qui n'y croyait pas.

L'un court et l'autre a des ailes
De Bretagne ou du Jura
Et framboise ou mirabelle
Le grillon rechantera
Dîtes flûte ou violoncelle
Le double amour qui brûla
L'alouette et l'hirondelle
La rose et le réséda.

Aragon

Ensemencer de Ciel son champ intérieur...

La Vie éternelle — le "ciel" — peut commencer dès ici-bas. Il suffit d'ensemencer de Ciel notre champ intérieur. Le "Royaume des cieux" en effet dit Jésus, ressemble à un champ où a été semé à la fois de la mauvaise herbe — l'"ivraie" — et du bon grain. Dans notre champ intérieur, arrachons donc les mauvaises graines, les mauvaises pensées, et semons largement les pensées positives.

Transformer le désert broussailleux en verger magnifique...

IL n'y a rien autour de vous qui n'ait d'abord été une pensée. Vous ne faites rien que vous n'ayez pensé d'abord. Le moindre de vos gestes naît d'une pensée, chacun des événements de votre vie a sa source dans une pensée. Les fonctions mêmes qui s'accomplissent en nous sans l'aide de la pensée sont influencées par la pensée : votre digestion est gênée par une pensée anxieuse, votre respiration altérée par la simple idée d'une oppression. Chaque pensée est une graine appelée à germer, à pousser, à fleurir, à donner des fruits. Or, que font la plupart des gens ? Ils agissent comme un jardinier fou qui sèmerait de la mauvaise herbe et s'étonnerait de ne pas récolter du blé. Vous semez des pensées de pauvreté, de discorde, de maladie et vous vous étonnez de ne pas récolter tous les bonheurs du monde...

Vous n'êtes pas satisfait de votre existence, de votre verger ? Il est envahi par les ronces, improductif, aride ? Vous accusez le destin ? Au lieu de désespérer, posez-vous sérieusement une question : "Quelles pensées ai-je semées ?" Êtes-vous certain de n'avoir admis dans votre terrain intérieur que des pensées d'amour, vous qui vous lamentez de n'être pas aimé ? Êtes-vous sûr de ne laisser germer en vous qu'indulgence, vous qui vous affligez d'être traité sans miséricorde ? Pouvez-vous loyalement dire que vous avez fait de copieuses semailles de pensées de succès vous dont l'existence est un perpétuel échec ?

Tout prend naissance dans notre pensée. Les événements n'ont d'importance que dans la mesure où nous leur permettons de déposer en nous des pensées négatives, destructives. Connaissez-vous un champion de quoi que ce soit qui se présente à l'épreuve avec la certitude d'être battu ? Les sportifs le savent : après une défaite occasionnelle, il faut prendre une revanche immédiate, afin de ne pas laisser l'idée de l'insuccès prendre racine. De même, faites bonne garde. Reconnaissez que ceux dont vous admirez la réussite gardent dans les difficultés une espérance inébranlable.

Imaginez votre monde intérieur comme un champ dans lequel chacune de vos pensées va germer. Contrôlez les sentiments et les idées qui vous traversent : "Quels fruits cette pensée va-t-elle donner ?" Lorsque ces fruits ne sont pas de ceux que vous aimeriez cueillir, arrachez sans faiblesse la mauvaise petite graine... Et remplacez-là par la pensée opposée. Une douce obstination transformera plus vite que vous ne pouvez le croire un désert broussailleux en un verger magnifique.

Marcelle Auclair

C'est dans le quotidien que l'on tisse son éternité.

Nous tissons la trame de notre Vie éternelle dans notre quotidien ici-bas. Nous sommes en effet comme devant une grande tapisserie : l'œuvre de notre vie à réaliser. Chaque point que nous faisons de ce côté-ci du décor — l'envers — se reproduit immédiatement de l'autre côté — l'endroit. Exaltante, mais exigeante responsabilité !

La saga du filet.

LE fjord était calme, la mer paisible, et la nuit polaire tombée pour de longues semaines sur la neige durcie. Bien au chaud au cœur de sa maison de bois, Hans le pêcheur tisse le filet de sa prochaine saison de pêche. Il est seul au coin de la cheminée. Sa douce épouse Ingrid repose dans le petit cimetière auprès de l'église. Mais heureusement, voici des cris joyeux. Et la porte s'ouvre pour laisser passage à la blonde Guénolé, sa grande fille chérie. Elle tient son petit frère Éric à la main.

— "Guénolé, tu es maintenant en vacances. Veux-tu me remplacer pour tisser mon filet neuf pendant que je vais réparer le bateau ?"

— "Oh oui papa !"

Et les heures passent. Guénolé travaille vaillamment, maille après maille, nœud après nœud. Mais les jours s'ajoutent aux jours. La corde est rêche. L'apprêt est rude, les mains font mal. Les petites amies passent la tête par la porte : "Guénolé viens jouer avec nous !" Et les mailles deviennent de plus en plus lâches, les nœuds de moins en moins serrés, la corde de moins en moins apprêtée.

Le printemps arrive. Le fjord s'éclaire des premiers rayons du soleil. La pêche reprend ! Tout fier du travail de sa fille chérie, Hans le pêcheur embarque son filet neuf sur le bon vieux bateau.

— Tiens, viens avec moi petit Éric, pour notre première sortie !

Tout joyeux le garçonnet saute à bord. La barque glisse. Le filet s'enfonce dans l'eau. Et Éric de battre des mains à voir les poissons argentés sauter et frétiller dans le filet bien plein.

— Quel magnifique coup ! Aide-moi à le remonter mon petit garçon !

Et Éric de tirer, de tirer sur les filins. Mais entraîné par le poids, plouf ! le voilà qui tombe dans l'eau au beau milieu du filet !

— Ce n'est rien ! pense papa Hans, hissant bien vite la nasse à bord. Mon filet est solide ! C'est ma Guénolé qui l'a tissé de ses mains !

Le voici hissé hors de l'eau. Hélas, un grand trou s'étend béant, au fond du filet... Les nœuds mal serrés ont lâché. Les mailles mal fixées se sont écartées. Et le petit Éric repose maintenant au fond du fjord.

— Ah, si j'avais su tisser chaque maille avec amour ! pleure Guénolé.

Saga nordique.

NOTRE PÈRE

“SEIGNEUR, APPRENDS-NOUS A PRIER...”
LUI DEMANDÈRENT SES DISCIPLES.
ALORS IL LEUR DIT :
“QUAND VOUS PRIEZ, DITES :
‘NOTRE PÈRE...’”

“Jésus disait : un homme avait deux fils. Le plus jeune le quitta et mena loin de lui une vie de débauche. L’aîné resta à la maison, à servir son père” (Voir l’Évangile selon St Luc 15, 11-32).

La cause semble entendue ! On voit bien vers qui le père portera son affection. Eh bien non ! Parce que Dieu est père... Et l’amour d’un père fait de ces choses...

ON demandait un jour à un homme dont on disait qu’il était sage : “Tu as de nombreux enfants, quel est ton préféré ?”
L’homme répondit :
“Celui de mes enfants
que je préfère,
c’est le plus petit
jusqu’à ce qu’il grandisse.
Celui qui est loin,
jusqu’à ce qu’il revienne.
Celui qui est malade,
jusqu’à ce qu’il guérisse.
Celui qui est prisonnier,
jusqu’à ce qu’il soit libéré.
Celui qui est éprouvé,
jusqu’à ce qu’il soit consolé...”

D’un Sage perse

Le cœur du père est toujours ouvert.

Dieu est père : il pardonne toujours, même et surtout quand ses enfants se sont éloignés de lui. Il suffit qu'au fond de leur cœur naisse le désir de revenir. C'est ce que fait l'enfant prodigue dont parle l'Évangile : "Il se dit en lui-même : 'Mon père, j'ai péché contre le ciel et contre toi !'"

Le fils du roi dont nous parle ce conte du Togo dit, lui aussi : "Ah mon père ! pardonnez-moi car je vais mourir !"

Une autre histoire, dans un autre contexte culturel — aussi, acceptez-en la longueur et le dépaysement —, mais toujours le cœur d'un père.

Mal dans sa peau.

IL y avait une fois un vieux roi, très grand, très riche, très aimé. On le savait sévère mais très juste. On le craignait mais on l'aimait.

Le fils du roi, qui était un très jeune homme, trouvait triste la maison paternelle. Dès qu'il jouait du tam-tam ou de la flûte, des gardes venaient l'en empêcher. Quand il se mettait à chanter avec ses camarades, on le priait de sortir du palais. "Le roi travaille", disait-on.

Un beau jour, fatigué de ces remontrances, le jeune prince dit à ses camarades :

"Il faut nous débarrasser des vieux. Comme on ne peut pas les mettre dehors, nous, les jeunes, nous allons bâtir une autre ville à côté de celle de mon père. Les discours des vieillards ne nous casseront plus la tête".

Tous d'applaudir. Chacun rassembla son très petit bien, et la jeune troupe s'éloigna sans tarder.

"Où donc est passé mon fils ?" demanda le roi. Les gardes racontèrent ce qui s'était passé. Ils redoutaient que le monarque se mette en colère, les punisse, meure de chagrin. Il n'en fut rien. "C'est très bien, dit-il, c'est très bien. Qu'ils apprennent à bâtir leurs maisons et à vivre. Après tout, s'ils sont partis, c'est qu'ils n'étaient pas heureux".

En brousse, les jeunes gens avaient fini de construire leur village. Ils couraient la savane derrière le gibier, pêchaient dans les marigots et, le soir, allaient chercher les jeunes filles du voisinage pour danser et rire. La brousse entière résonnait de leurs jeux.

Un beau matin, le jeune prince vit passer un veau. Une drôle d'idée lui traversa l'esprit. "Une chose me plairait, dit-il, avoir la peau comme celle de ce veau". Les garçons bondirent aussitôt sur le bovidé qui s'était réfugié dans la broussaille. On le tua, on lui enleva la peau, et on la retourna comme un sac. Elle était encore toute chaude quand le fils du roi, ravi, s'en revêtit : "Personne n'a la peau si douce, ni si luisante. Mes amis, regardez-moi, je ne crains plus le soleil".

Le soir, comme il faisait frais, ses camarades se couvrirent. Le prince dit encore : "Voyez, moi, j'ai chaud. Je n'ai plus besoin de vêtements". Et tous d'admirer.

Chacun parlait déjà de se vêtir comme lui. Puis le soleil monta dans le ciel. Le poil séché, le jeune homme partagea comme d'habitude les travaux de ses camarades. Il alla à la chasse et aux champs. Le lendemain, le soleil brillait, et la peau sécha. Le jeune prince ne dit rien à ses compagnons mais il avait de la peine à tendre son arc, à courir, à placer ses filets. La peau le gênait aux entournures. Elle n'était plus lisse et douce mais déjà grise de poussière. Il ne pouvait pas plier les bras pour la brosser.

Il se mit à pleurer doucement d'abord, puis à crier de souffrance. "Fendez-moi cette peau. Ouvrez-la vite", implorait-il. Les jeunes gens prirent un poignard effilé et tentèrent de la fendre, mais elle était tellement collée à celle du jeune homme que, pour l'ôter, il eût fallu fendre et arracher les deux ensemble.

Soudain, le prince crut entendre résonner au loin des pas de chevaux et le son d'un tam-tam. Il fit un grand effort et se souleva légèrement. "C'est le roi ! C'est mon père et sa suite. Je reconnais le tam-tam de ses guerriers. Ce sont ses chevaux. Vous entendez ? Allez à sa rencontre et dites-lui que je vais mourir".

Quand le roi aperçut les jeunes gens, il éclata de rire :

— Vous voilà dans un bel état !

— Roi, grand roi, ne ris pas. Ton fils est au plus mal. Il va mourir. Il te réclame, viens au plus vite.

— Conduisez-moi, dit-il aux jeunes.

Et la troupe partit, le vieux roi à la barbe grisonnante en tête, sur son cheval au frontal de cuir tressé où s'entremêlaient des morceaux de miroir et de métal. Splendides aussi étaient les guerriers avec leurs grandes robes qui flottaient derrière eux.

Enfin, on arriva au pied de l'arbre qui abritait le malheureux jeune homme. Le vieux roi mit pied à terre et s'agenouilla près de son fils qui ouvrit péniblement les yeux :

— Vous êtes venu, mon père, pardonnez-moi, je vais mourir.

— Je te pardonne, dit le roi, en lui posant la main sur l'épaule.

Puis, à l'ébahissement général, il se releva en riant. Il étendit le bras vers les jeunes gens et leur dit :

— Portez-le à la rivière et trempez-le dans l'eau jusqu'à ce que la peau redevienne souple. Vous l'en dépouillerez alors facilement.

Les jeunes gens hissèrent le prince sur un cheval et le conduisirent à la rivière. Elle était fraîche, et cela lui fit sur le champ le plus grand bien. Peu à peu ses mouvements lui revenaient. Il bougea les bras, le cou, enfin ses jambes. Bientôt il put s'asseoir. Fatigué, il laissa le liquide glisser sur lui. Il put lisser la peau, qui redevint soyeuse et luisante. Enfin, il respirait. Quand l'enveloppe fut redevenue tout à fait molle, ils l'enlevèrent facilement.

Alors ils revinrent tous au village, s'habillèrent décemment, prirent leurs arcs et leurs flèches et regagnèrent le palais. Car le proverbe a raison qui dit : "Les anciens méritent d'être gardés dans le village".

Le vieux roi était vraiment un roi très sage. Depuis cette heure, il y a dans ce lieu une grande case où les jeunes se réunissent pour danser et chanter.

Récit du Togo

Si Dieu est le Père commun, nous sommes tous frères...

Conte juif.

UN vieux rabbin demandait une fois à ses élèves à quoi l'on peut reconnaître le moment où la nuit s'achève et où le jour commence.

— Est-ce lorsqu'on peut sans peine distinguer de loin un chien d'un mouton ?

— Non, dit le rabbin.

— Est-ce quand on peut distinguer un dattier d'un figuier ?

— Non, dit le rabbin.

— Mais alors, quand est-ce donc ? demandèrent les élèves.

Le rabbin répondit :

— C'est lorsqu'en regardant le visage de n'importe quel homme, tu reconnais ton frère ou ta sœur. Jusque là, il fait encore nuit dans ton cœur.

Mais est-ce aussi évident ?

Nous avons appris
à voler comme l'oiseau,
à nager comme le poisson,
mais nous n'avons pas appris
l'art de vivre
comme des frères.

Martin Luther King

**JÉSUS DIT A SES DISCIPLES : "NE VOUS FAITES PAS APPELER RABBI, CAR UN SEUL EST VOTRE MAÎTRE, ET VOUS ÊTES TOUS FRÈRES.
N'APPELEZ PERSONNE SUR LA TERRE VOTRE PÈRE. CAR UN SEUL EST VOTRE PÈRE, CELUI QUI EST DANS LES CIEUX".**
(ÉVANGILE SELON ST MATTHIEU 23, 8-9).

... c'est alors l'harmonie et la paix.

Quand les sabres sont rouillés...

QUAND les sabres sont rouillés et les bêches luisantes,
Les prisons vides et les greniers pleins,
Les degrés du temple usés par la marche des fidèles...
Quand les cours des tribunaux sont couvertes d'herbe,
Que les médecins vont à pied,
Les boulangers à cheval,
Et qu'il y a beaucoup d'enfants,
C'est que l'Empire est bien gouverné.

Proverbe chinois

Ils apprendront des mots qu'ils ne comprendront pas.

Un jour les enfants apprendront des mots qu'ils ne comprendront pas.

Les enfants de l'Inde demanderont : qu'est-ce que c'est, la faim ? Les enfant d'Alabama demanderont : qu'est-ce que c'est, la ségrégation raciale ?

Les enfants d'Hiroshima s'étonneront : qu'est-ce que c'est, la bombe atomique ? Et les enfants des écoles demanderont : qu'est-ce que c'est, la guerre ?

Tu leur répondras, tu leur diras : ce sont des mots que l'on n'emploie plus, comme diligences, galères ou esclavage. Des mots qui ne veulent plus rien dire. C'est pourquoi on les a retirés du dictionnaire.

Pour les chrétiens, cette harmonie et cette paix sont le fruit de l'Esprit du Père :

"IL N'Y A QU'UN CORPS ET QU'UN ESPRIT, COMME IL N'Y A QU'UNE ESPÉRANCE AU TERME DE L'APPEL QUE VOUS AVEZ REÇU ; UN SEUL SEIGNEUR, UNE SEULE FOI, UN SEUL BAPTÊME ; UN SEUL DIEU ET PÈRE DE TOUS, QUI EST AU DESSUS DE TOUS, PAR TOUS ET EN TOUS."

(LETTRE DE ST PAUL AUX ÉPHÉSIENS 4, 4-6).

Si Dieu est "aux cieux" : comment le rencontrer ?

Il n'est pourtant pas besoin d'aller très loin. Car il est tout proche : au plus profond de notre être.

"Seigneur, vous étiez plus intime que ce qu'il y a de plus intime en moi, et plus élevé que ce qu'il y a de plus élevé en moi", découvrait, émerveillé, Saint Augustin au soir de sa vie.

Mais encore faut-il, pour Le rencontrer, faire silence, creuser en soi ce vide intérieur qui est disponibilité de l'âme.

Le vide médian.

BIEN que trente rayons convergent au moyeu,
C'est le vide médian
Qui fait marcher le char.

L'argile est employée à façonner des vases
Mais c'est du vide interne
Que dépend leur usage.

La chambre est faite de murs
Mais c'est le vide encore
qui permet l'habitat.

L'être a des aptitudes
que le non-être emploie.
La leçon du non-dire,
L'efficacité du non-faire.

Sans franchir le pas de ta porte
Connais les voies de sous le ciel.

Sans regarder à ta fenêtre
Connais la Voie du Ciel.

Plus loin tu vas
Moins tu connais.

Le sage connaît sans bouger,
Comprend sans voir
Œuvre sans faire.

Lao-Tseu

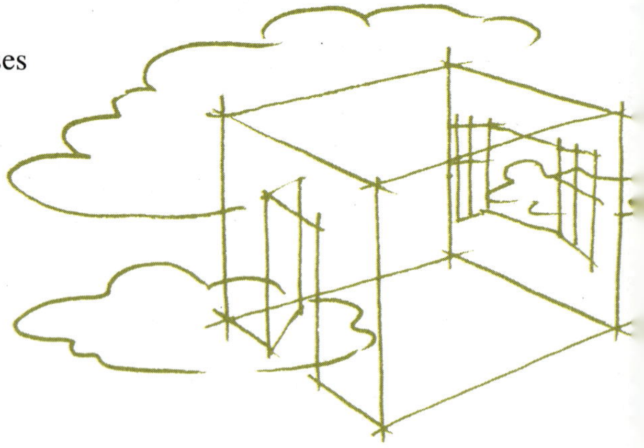

Pour rencontrer Celui qui est à la fois "aux cieux" et "au cœur de notre cœur", il faut nous désencombrer, nous défaire de l'inutile, du futile, de l'artificiel. Alors dans le même mouvement nous retrouverons le sens profond des êtres et des choses :

VIENS prendre la place qui t'attend
Dans l'infini des choses.
A l'aurore, ouvre ton cœur
Et élève-le comme une fleur
Qui s'épanouit.
Au coucher du soleil,
Incline la tête et, dans le silence,
achève le jour de son adoration.

R. Tagore

"QUAND TU PRIES, ENTRE DANS TA CHAMBRE, FERME LA PORTE, ET PRIE TON PÈRE QUI EST LA, DANS LE LIEU SECRET. ET TON PÈRE, QUI VOIT DANS LE SECRET, TE LE RENDRA".

(ÉVANGILE SELON ST MATTHIEU 6, 6)

"Cherchez Dieu et vous vivrez" (La Bible)

"Dieu, je ne l'ai pas vu ! Il ne m'a jamais parlé !"
— "Mais L'as-tu seulement cherché ?"

LES herbes ont si bien poussé
Que vous ne pouvez même plus voir
Le sentier qui mène chez moi.
C'est que j'ai attendu trop longtemps
Quelqu'un qui ne voulait pas venir.

So Jo Henjo, Sage japonais.

Il est pourtant si proche...

JE repose directement en Dieu :
le fond de mon âme est profond.
Ni de la joie
ni de la souffrance
l'onde ne m'atteint.

Kitaro Nismida, Sage japonais.

VOICI, dit Dieu : Je me tiens à la porte
et je frappe.
Si quelqu'un entend ma voix et ouvre la porte,
j'entrerai chez lui,
je souperai avec lui
et lui avec moi.

Livre de l'Apocalypse 3, 20

— "Dieu, je ne L'ai jamais rencontré !"
— "Mais, toi, lui as-tu donné l'occasion de te rencontrer ?"

"L'homme existe : Je l'ai rencontré !"

J'AI lu quelque part :
"Dieu existe, je l'ai rencontré !"
Ça alors ! Ça m'étonne !
Que Dieu existe, la question ne se pose pas !
Mais que quelqu'un l'ai rencontré
avant moi, voilà qui me surprend !
Parce que j'ai eu le privilège
de rencontrer Dieu juste à un moment
où je doutais de lui !

Dans un petit village de Lozère
abandonné des hommes,
il n'y avait plus personne.
Et en passant devant la vieille église,
poussé par je ne sais quel instinct,
je suis entré...

Et là, j'ai été ébloui, par une lumière
intense... insoutenable !
C'était Dieu... Dieu en personne,
Dieu qui priait !

Je me suis dit :
Qui prie-t-il ?
Il ne se prie pas lui-même ?
Pas lui ?
Pas Dieu ?
Non ! Il priait l'homme !
Il me priait, moi !
Il doutait de moi
comme j'avais douté de lui !

Il disait :
— O homme !
si tu existes,

un signe de toi !

J'ai dit :
— Mon Dieu, je suis là !

Il a dit :
— Miracle !
Une humaine apparition !

Je lui ai dit :
— Mais, mon Dieu...
Comment pouvez-vous douter
de l'existence de l'homme,
puisque c'est vous qui
l'avez créé ?

Il m'a dit :
— Oui... Mais il y a si
longtemps que je n'en ai
pas vu dans mon église...
que je me demandais si ce n'était
pas une vue de l'esprit !

Je lui ai dit :
— Vous voilà rassuré,
mon Dieu !

Il m'a dit :
— Oui !
Je vais pouvoir leur dire là-haut :
"L'homme existe,
je L'ai rencontré !"

Raymond Devos

La prison est fermée jour et nuit
et elle est toujours pleine.
Les temples sont toujours ouverts
et on n'y voit personne.

Sagesse chinoise

Comment honorer Dieu et Son Nom ?
Par de nombreuses prières et dévotions ? Par de nombreuses ascèses et mortifications ? Peut-être.
Mais là n'est pas l'essentiel.
L'Essentiel, c'est de Le rencontrer avec amour dans le secret de son cœur.

L'ascète au bol d'huile.

C'ÉTAIT un ascète renommé pour ses austérités. Un jour qu'il se trouvait devant la statue de Shiv il l'invoque disant : "Il n'est rien, Seigneur que je ne sois capable de faire par dévotion pour toi. Impose-moi n'importe quelle épreuve et tu verras que je dis vrai". Ainsi, priait-il comme on jette un défi.

Alors la statue s'anima et laissa tomber de ses lèvres de bronze : "Prends un bol, emplis-le d'huile jusqu'aux bords. Place-le sur ta tête. Va, traverse le marché, traverse la ville, rue par rue et reviens. Que pas une goutte ne s'en perde !"

L'ascète emplit le bol, le plaça sur sa tête, partit les bras en balancier, répétant à chaque pas : "Que pas une goutte ne s'en perde". C'était un jour de marché. Il traversa la foule, il traversa la ville rue par rue. Pas une goutte d'huile ne se perdit. Il déposa, satisfait le bol devant la statue, certain d'avoir mérité la Grâce de Dieu. Il prit la statue à témoin de sa victoire, mais la statue de bronze demeura de bronze. Il pria, cria, invoqua sans obtenir aucune réponse : la statue souriait avec dédain.

L'homme se demanda stupéfait si Dieu l'avait trompé. Les jours suivants non plus, Shiv ne sortit pas de son silence. Si bien que le dévôt, ayant en vain épuisé toutes les formules, désespéra. La tête entre les genoux, il pleurait amèrement et il répétait dans ses larmes : "Et pourtant pas une goutte, pas une goutte d'huile ne s'est perdue".

Alors, la statue s'anima, mais pour éclater en colère : "Qu'ai-je à faire de ton huile, imbécile ? Moi, Dieu, qu'ai-je à faire d'un bol d'huile ? Combien de fois pendant que tu

portais cette huile sur ta tête, combien de fois, dis, imbécile, combien de fois as-tu pensé à moi ?"

Et l'homme ne sut que répondre, car il constatait que tout le temps il avait pensé à l'huile et à la goutte qu'il ne fallait pas perdre...

Shiv lui dit : "Mieux eût valu répandre tout le bol, en pensant une fois à moi avec transport. Mieux vaudrait, mon ami laisser là toutes les austérités qui font de toi un ascète illustre, mais aimer ton Dieu, ne fût-ce qu'un peu dans le secret".

Lanza Del Vasto

"QUAND VOUS PRIEZ, DIT JÉSUS, NE SOYEZ PAS COMME LES HYPOCRITES QUI AIMENT FAIRE LEUR PRIÈRE DANS LES SYNAGOGUES ET LES CARREFOURS, AFIN D'ÊTRE VUS PAR LES HOMMES... QUAND VOUS PRIEZ, NE RABÂCHEZ PAS COMME LES PAÏENS QUI S'IMAGINENT QU'A FORCE DE PAROLES ILS SERONT EXAUCÉS".
(ÉVANGILE SELON ST MATTHIEU 6, 5 ; 7).

"OU DONC EST LE SUJET DE SE GLORIFIER ? PAR LA LOI DES ŒUVRES ? NON, MAIS PAR LA LOI DE LA FOI".
(LETTRE DE ST PAUL AUX ROMAINS 3, 27).

"Ton Nom est le mien".

Le croyant aime prononcer le Nom de Dieu, comme l'amante aime prononcer le nom de celui qu'elle aime. Au long du jour et des jours. C'est la "prière du cœur" du chrétien d'Orient. C'est la récitation du nom d'Allah par le fidèle musulman. C'est l'"Om mane padme om" du bouddhiste tibétain.

Alors le croyant devient peu à peu semblable à celui qu'il aime. Au point de pouvoir lui dire : "Moi ? C'est Toi !"

Apprends-moi à dire : "C'est toi".

LORSQUE l'adolescente nocturne fut arrivée devant la cabane dont la seule issue sur le dehors était une porte si exiguë que seul un corps glorieux aurait pu se glisser dans son ouverture, elle entendit dans le silence de l'aube, sangloter à l'intérieur celui qui la pleurait comme on pleure les morts.

Et elle frappe à la porte et la voix demande de l'intérieur :

— "Qui est à la porte ?"

Elle répondit :

— "C'est moi".

Alors il y eut un grand silence, et les arbres eux-mêmes cessèrent leur murmure et ne laissèrent plus fuser les premières notes des oiseaux chanteurs.

Mais la voix ne répondit pas de l'intérieur et la porte exiguë ne s'ouvrit pas...

Alors l'adolescente s'enveloppa du voile de la méditation et, sans une plainte, sans un soupir, elle s'étendit à terre contre la porte.

Et toute la journée et toute la nuit, elle resta étendue, la tête enfoncée dans le voile de la méditation, et elle mûrissait ainsi en son cœur la notion essentielle qui veut que les privilégiés de l'amour meurent d'abord complètement à eux-mêmes avant de se présenter devant l'Amour.

C'est pourquoi, prête désormais à aborder la porte, elle se leva et alla d'abord s'abluer à la rivière, puis d'un pas assuré, elle revint vers la cabane et heurta la porte.

Et la voix demanda de l'intérieur :

— "Qui est à la porte ?"

Et l'adolescente, cette fois, répondit :

— "C'est toi".

Et la porte s'ouvrit d'elle-même...

Et le reste est le mystère des privilégiés de l'Amour...

Légende arabe

**"L'AMOUR EST DE DIEU.
QUICONQUE AIME, EST NÉ DE DIEU ET
CONNAÎT DIEU...
CELUI QUI DEMEURE DANS L'AMOUR
DEMEURE EN DIEU, ET DIEU DEMEURE
EN LUI"**

(1ère LETTRE DE ST JEAN 4, 7, 16).

Le grand désir de Dieu, c'est de se donner entièrement. Il ne peut faire autrement. "Régner" pour lui, c'est Aimer.

C'est ce que décrit à sa manière, avec des images tirées du Grand Livre de la Création, le mystique du Moyen-Age, Maître Johannes Eckart, à la fois philosophe et théologien.

Comme le feu et le bois.

LE dessein de Dieu est de se donner à nous, entièrement.

De même que le feu veut attirer le bois à lui et s'infuser lui-même dans le bois, il trouve d'abord le bois dissemblable à lui. Il lui faut donc un certain temps. Le feu commence par le chauffer légèrement, puis un peu plus, enfin se produisent fumées et crépitements, parce qu'il lui est dissemblable.

Plus le bois s'échauffe, plus tout se tranquilise et se calme, et plus il s'assimile au feu, plus il est paisible, jusqu'à ce qu'il soit entièrement devenu flamme.

Pour que le bois se transforme en feu, il faut que soit chassée toute dissemblance.

Comme le soleil dans le ciel...

Quand Dieu nous trouve prêt, il lui faut agir et s'épancher en toi, de même que, dans un air clair et pur, il faut que le soleil se répande et il ne peut s'en dispenser...

Et cum factus

Comme le récipient pour le Roi...

AUCUN récipient ne peut contenir deux sortes de boissons. S'il doit contenir du vin, il faut nécessairement qu'on enlève l'eau. Il faut qu'il soit nu et vide.

L'argent ou l'or est sans doute pur, mais lorsqu'on veut en faire une coupe où le roi doit boire, on le met dans une fournaise beaucoup plus ardente.

DEVENIR SEMBLABLE A DIEU, EN RENAISSANT A SA PROPRE VIE : "JÉSUS DIT A NICODÈME : 'EN VÉRITÉ, EN VÉRITÉ JE TE LE DIS : SI UN HOMME NE NAÎT DE NOUVEAU, IL NE PEUT VOIR LE ROYAUME DE DIEU... SI UN HOMME NE NAÎT D'EAU ET D'ESPRIT IL NE PEUT ENTRER DANS LE ROYAUME DE DIEU'".

(ÉVANGILE SELON ST JEAN 3, 3-5).

Se fondre en Dieu.

Pour connaître le Règne de Dieu, pour qu'il vienne en plénitude, il faut Lui laisser toute la place.

Il faut se fondre en Dieu comme la petite statue de sel qui désirait connaître l'océan. Car connaître, c'est se laisser transformer.

La petite poupée de sel.

UNE poupée de sel, après un long pèlerinage à travers des terres arides, arriva à la mer et découvrit quelque chose qu'elle n'avait jamais vu et qu'elle était incapable de comprendre.

Elle se tenait sur le sol ferme, solide petite poupée de sel, et voilà que, devant elle, s'étendait un autre sol, mobile, dangereux, brillant, étrange et inconnu.

Elle demanda à la mer : — Mais qui es-tu ? — Je suis la mer. La poupée demanda encore : — Qu'est-ce que la mer ? Et la mer répondit : — C'est moi. — Je n'arrive pas à comprendre dit la poupée, mais je voudrais bien. Comment le pourrai-je ? La mer répondit : — Touche-moi.

Alors la poupée s'avança timidement et toucha l'eau, et elle éprouva l'étrange impression que cette chose-là commençait à devenir connaissable. Elle retira la jambe et vit que ses orteils avaient disparu. Elle fut effrayée et dit : — Oh ! où sont passés mes orteils, qu'est-ce que tu m'as fait ? Et la mer dit : — Tu as donné quelque chose afin de pouvoir comprendre.

Progressivement l'eau grignota des petits fragments du sel de la poupée et celle-ci avança de plus en plus loin dans la mer : et plus elle avançait, plus elle avait l'impression de comprendre mieux, sans pourtant être capable de dire ce qu'était la mer.

— Mais qu'est-ce que la mer ?

A la fin, une vague fit disparaître ce qui restait d'elle et la poupée dit : — C'est moi !

Elle avait découvert ce qu'était la mer, mais pas encore ce qu'était l'eau.

Antoine Bloom

Dire : "Que ton Règne vienne" c'est accepter de donner un certain Sens à sa vie. Mais peut-être la rêvons-nous remplie d'abord de succès en affaires, en amour, en honneurs. Est-ce bien sage ? Écoutons plutôt ce vieux conte chinois.

Le rêve de Nam Kha.

C'ÉTAIT la troisième fois que Lu Sinh échouait au concours triennal. La malchance ne cessait de le poursuivre, tandis que d'autres étudiants, moins doués et moins savants, étaient plus heureux. Tristement, Lu Sinh quitta la capitale pour rentrer dans son village, à pied, son léger ballot au bout d'un bâton. En traversant la région de Nam Kha, il fut surpris par une averse dans la montagne. Il grimpa dans une grotte pour s'y réfugier. C'était la demeure d'un vieux moine taoïste.

L'ermite le fit asseoir sur l'unique meuble de la grotte, un lit de pierre lisse. Tout en continuant à surveiller la cuisson d'une marmite de millet, il s'informa aimablement du chemin qui restait à Lu Sinh. Celui-ci se mit à lui confier ses échecs, son intention de recommencer, ses espoirs et ses ambitions. L'ermite l'écouta en silence, puis l'invita à s'allonger sur le lit avant de continuer son voyage.

Trois ans après, Lu Sinh fut reçu premier docteur de l'empire. Ce fut du jour au lendemain la gloire. D'abord la série des rites inoubliables : proclamation du nom par le héraut, de son porte-voix de cuir éclatant, devant la foule assemblée. Remise solennelle du costume de Cour par un grand mandarin. Procession sur un cheval blanc à travers la capitale, puis jusqu'au village, où, pendant plusieurs jours, fêtes et réjouissances se déroulèrent sans interruption.

Suivirent l'exercice des hautes fonctions publiques, le mariage avec une princesse, la plus jolie des filles de l'empereur. Puis en quelques années la naissance de beaux enfants, l'élévation au grade de Premier ministre... Très rapidement arrivé au faîte de la richesse et des honneurs, Lu Sinh s'y maintint durant quinze ans.

Survint une invasion de barbares. Les premières batailles furent désastreuses pour l'empereur. Appelé au commandement suprême Lu Sinh réussit à repousser les barbares, envahit leur pays à son tour, tua leur roi. Mais le charme sauvage de la reine le captiva et le retint auprès d'elle. Emporté par une passion irrésistible, il oublia complètement sa femme, son foyer, ses devoirs envers son roi et son pays.

En vain l'empereur le rappela. Il dut se résoudre à envoyer une expédition contre lui. Lu Sinh s'insurgea, voulu résister par la force, mais ses propres lieutenants le trahirent et le livrèrent.

Malgré les larmes de sa femme, il fut condamné à mort par l'empereur. La nuit qui précéda le supplice, Lu Sinh la passa à se remémorer sa vie entière : sa pauvre enfance, ses labeurs d'étudiant, l'éclatante ascension, le bonheur puis la passion enivrante, l'égarement et la chute soudaine...

Lu Sinh ouvrit les yeux. Il était dans la grotte, couché sur le lit de pierre lisse. Près de lui, accroupi à terre, le vieillard remuait lentement sa bouillie de millet. Seul le léger bruit de sa baguette sur le fond de la marmite, à peine plus perceptible que le chant du feu, troublait le silence de la montagne. La pluie avait cessé.

"Jeune homme, dit l'ermite, vous avez fait un long rêve, mais ma bouillie n'est pas cuite. Donnez-moi encore un instant et vous me ferez plaisir de partager mon modeste repas".

Pham Duy Keim

"Le commencement de la Sagesse, c'est la crainte de Dieu", enseigne la Bible. C'est-à-dire de Le mettre à sa vraie place en nos vies.

Il nous est dur parfois de dire “que ta Volonté soit faite”, par crainte que cette “volonté de Dieu” ne se traduise par une épreuve ou un événement malheureux. C’est oublier que Dieu ne peut vouloir que notre bonheur.

Il sait d’ailleurs “tirer le mal du bien” dit la Bible.

Il nous faut alors nous aussi apprendre à retourner les événements en les voyant “à l’endroit” : un endroit qui est bien plus positif que nous ne l’imaginons quand nous les voyons “à l’envers”.

Là est la vraie Sagesse, celle de l’Esprit de Dieu au cœur des hommes. On la trouve dans tous les pays...

MIKAEL, un paysan perd la seule jument qu’il possède.

— Tu as perdu ton seul bien : comme tu es malheureux, lui disent ses voisins.

— Comment savez-vous que c’est un malheur qui m’arrive ?

Le lendemain revient la jument, accompagnée de trois étalons...

— Quel bonheur pour toi, Mikaël !

— Comment savez-vous, demande-t-il à ses voisins, qu’il s’agit là d’un bonheur ?

Le jour suivant, en essayant de dresser un étalon, un des fils de Mikaël se casse la jambe.

— Quel malheur !

— Vous croyez... ? leur répond-il.

Et en effet, quelques jours plus tard, la guerre est déclarée. Le fils de Mikaël ne partira pas dans les combats meurtriers...

Histoire du Moyen-Orient

Malgré les obstacles qui s’opposent au fleuve hâtif : toutes les eaux qui se séparent autour des bancs et des récifs se rejoignent finalement en jubilant.

Proverbe de Man’Yoshu, sage japonais.

Laisse le sort suivre son cours
Dors le sommeil du paisible,
Puisqu'au moment même de ton inquiétude,
Le Tout-Puissant a changé la face des choses...

Contes des Mille et une nuits

Si la lueur des cerises fleuries sur les montagnes durait plus longtemps que quelques jours, nous ne l'aimerions pas aussi tendrement...

Yamabe No Akahito, sage japonais.

Jouis des plaisirs qui te sont accordés,
Endure la souffrance qui t'est infligée,
Attends tranquillement ce que le vent apporte,
Comme fait le paysan avec le fruit...

Mahabharatah

L'espace d'une vie
est le même
Qu'on le fasse en
chantant
Ou en pleurant.
Proverbe japonais.

Cette Sagesse s'appelle aussi pour le chrétien la confiance en la Providence.

JÉSUS DIT : "NE VOUS INQUIÉTEZ PAS POUR VOTRE VIE DE CE QUE VOUS MANGEREZ, NI POUR VOTRE CORPS DE QUOI VOUS LE VÊTIREZ. REGARDEZ LES OISEAUX DU CIEL : ILS NE SÈMENT NI NE MOISSONNENT, ET ILS N'AMASSENT RIEN DANS DES GRENIERS. ET VOTRE PÈRE LES NOURRIT ! QUI DE VOUS PEUT PAR SON INQUIÉTUDE AJOUTER UNE COUDÉE A LA DURÉE DE SA VIE ? NE VOUS INQUIÉTEZ PAS DU LENDEMAIN CAR LE LENDEMAIN AURA SOIN DE LUI-MÊME. A CHAQUE JOUR SUFFIT SA PEINE".
(ÉVANGILE SELON ST MATTHIEU 6, 25-34).

Ne pas perdre de vue l'Essentiel.

Nous nous soucions pourtant du manger et du boire, du présent et de l'avenir. Voilà qui est bien légitime. A condition de le faire sur fond de confiance en ce Dieu dont la "volonté" est une volonté de bonheur. Et à condition de ne pas perdre de vue l'Essentiel qui déborde largement les seuls horizons terrestres. Écoutons encore les dits de la Sagesse des nations. Voici celle de la Perse :

Le palais et son défaut.

ON dit qu'un roi, ayant bâti un palais ordonna de chercher s'il s'y trouvait un défaut, pour le réparer.

— J'en vois un, dit quelqu'un.

— Lequel ?

— Le roi mourra et le palais tombera en ruines.

— Tu as raison, répondit le roi qui se mit à servir Dieu, quitta son palais et se retira du monde.

La brique.

On raconte que, un différend s'étant élevé entre deux individus au sujet d'un terrain, Dieu fit parler une brique appartenant à un mur élevé sur ce terrain.

— J'étais roi autrefois, dit-elle et j'ai gouverné le monde pendant mille années. Puis je suis restée en pourriture pendant mille années. Ensuite un potier me prit et fit de moi un vase. Après avoir été ainsi employée pendant mille années, je me brisai et tombai en poussière. Un fabricant de briques me prit alors et fit de moi une brique, et je suis dans ce mur depuis tant d'années. Pourquoi donc vous disputez-vous au sujet de ce terrain, vous qui devez le quitter pour un autre séjour ?

Le prix du peignoir.

UN jour que Tamerlan se divertissait dans le bain avec quelques-uns de ses favoris, au nombre desquels se trouvait le célèbre poète Ahmed, le conquérant dit à ce dernier :

— Estime en argent la valeur de chacun de nous.

Le poète se mit à évaluer chacun des assistants avec beaucoup d'esprit et de gaîté.

— Et moi, dit Tamerlan, combien m'estimes-tu ?

— Quatre-vingt aspres, lui dit Ahmed.

— Comment ! lui dit Tamerlan, le seul peignoir dont je suis couvert les vaut !

— C'est justement à cause du peignoir, répondit le poète, que je t'ai estimé autant...

Le linceul.

QUELQUES jours avant sa mort, Saladin fit promener dans les rues de Damas le drap qui devait lui servir de linceul, et crier par un héraut d'armes :

— Voilà, de toutes ses richesses, ce que le grand Saladin, vainqueur de l'Orient et de l'Occident emporte dans la tombe...

Pierre Waleffe

JÉSUS DIT A SES DISCIPLES CETTE PARABOLE :
"LES TERRES D'UN HOMME RICHE AVAIENT BEAUCOUP RAPPORTÉ. ET IL RAISONNAIT EN LUI-MÊME EN DISANT : 'QUE FERAI-JE ? CAR JE N'AI PAS DE PLACE POUR SERRER MA RÉCOLTE. VOICI, DIT-IL CE QUE JE FERAI : J'ABATTRAI LES GRENIERS, J'EN BÂTIRAI DE PLUS GRANDS, J'Y AMASSERAI TOUTE MA RÉCOLTE ET TOUS MES BIENS. ET JE DIRAI A MON ÂME : MON ÂME TU AS BEAUCOUP DE BIENS EN RÉSERVE POUR PLUSIEURS ANNÉES, REPOSE-TOI, MANGE, BOIS ET TE RÉJOUIS.'
MAIS DIEU LUI DIT : 'INSENSÉ ! CETTE NUIT MÊME TON ÂME TE SERA REDEMANDÉE, ET CE QUE TU AS PRÉPARÉ, POUR QUI SERA-T-IL ?'
IL EN EST AINSI DE CELUI QUI AMASSE DES TRÉSORS POUR LUI-MÊME ET QUI N'EST PAS RICHE POUR DIEU."

(ÉVANGILE SELON ST LUC 12, 16-21).

Dieu nous donne chaque jour le pain nécessaire pour vivre ce jour. Mais savons-nous le voir ?

Pour dix mille roubles...

UN jeune homme se plaignait un jour de Dieu en ces termes :

— Le bon Dieu envoie aux autres les richesses, mais à moi il ne m'a rien donné ! Comment débuter dans la vie avec rien ?

Un vieillard qui entendit sa plainte lui dit :

— Es-tu si pauvre que tu le crois ? Dieu ne t'a-t-il pas donné jeunesse et santé ?

— Je ne dis pas non, et je puis être fier de ma force et de ma jeunesse !

Le vieillard lui prenant alors la main droite, lui dit :

— Voudrais-tu te la laisser couper pour mille roubles ?

— Certes pas !

— Et la gauche ?

— Pas davantage.

— Et consentirais-tu pour dix mille roubles à devenir aveugle ?

— Que Dieu m'en préserve ! Je ne donnerais pas l'un de mes yeux pour une fortune !

— De quoi te plains-tu donc ? dit le vieillard. Ne vois-tu pas que Dieu t'a donné une immense fortune ? Va, et sois-en désormais reconnaissant.

Tolstoï.

JÉSUS DISAIT :
"REGARDEZ COMMENT CROISSENT LES LIS DES CHAMPS. ILS NE TRAVAILLENT NI NE FILENT. CEPENDANT JE VOUS DIS QUE SALOMON LUI-MÊME, DANS TOUTE SA GLOIRE, N'A PAS ÉTÉ VÊTU COMME L'UN D'EUX.
SI DIEU REVÊT AINSI L'HERBE DES CHAMPS QUI EXISTE AUJOURD'HUI ET QUI DEMAIN SERA JETÉE AU FEU, NE VOUS VÊTIRA-T-IL PAS A PLUS FORTE RAISON, GENS DE PEU DE FOI ?
NE VOUS INQUIÉTEZ DONC POINT ET NE DITES PAS : QUE MANGERONS-NOUS ? QUE BOIRONS-NOUS ? DE QUOI SERONS-NOUS VÊTUS ?..."
(ÉVANGILE SELON ST MATTHIEU 6, 28-31).

"Donner jusqu'au dernier sou".

Dieu nous donne chaque jour le pain. C'est une invitation à ce qu'à notre tour nous sachions donner. Et il rend alors au centuple. Comme le montre un rabbin du IIème siècle, ami de Rabbi Aqiba.

Le blé du rabbin.

LORSQUE les collecteurs d'aumône apercevaient rabbi Eléazar, l'homme de Birta, ils se cachaient car il leur aurait donné tout ce qu'il possédait.

Un jour celui-ci alla au marché pour acheter une dot pour sa fille. Les collecteurs l'aperçurent et se dissimulèrent. Mais lui se mit à courir après eux :

— Je vous en conjure, de quelle bonne œuvre vous occupez-vous ?

— D'un orphelin et d'une orpheline...

— Par le culte du temple ! répondit-il qu'ils passent avant ma fille !

Il prit tout ce qu'il avait avec lui et le leur donna. Il ne lui restait qu'un sou. Il s'acheta du blé, monta au grenier et l'y jeta.

— Qu'est-ce que ton père t'a apporté ? demande sa femme à sa fille.

— Tout ce qu'il avait, il l'a jeté au grenier.

La mère alla pour ouvrir la porte du grenier. Elle vit que le grenier était plein de blé et qu'il en sortait par les interstices de la porte, si bien que la porte ne s'ouvrait plus, tant il y avait de blé...

La fille alla à la maison d'étude, où son père étudiait le Talmud, et lui dit :

— Viens voir ce qu'a fait pour toi Celui qui t'aime !

Il lui dit : Par le culte du Temple ! ce blé sera pour toi sacré. Tu n'en prendras qu'une part égale à celle de chaque pauvre en Israël...

B. Ta'anith.

"ELLE A DONNÉ TOUT CE QU'ELLE
POSSÉDAIT POUR VIVRE".
JÉSUS, S'ÉTANT ASSIS VIS A VIS DU TRONC
DU TEMPLE, REGARDAIT LA FOULE Y
METTRE DE L'ARGENT. PLUSIEURS RICHES
METTAIENT BEAUCOUP. IL VINT AUSSI UNE
PAUVRE VEUVE, ET ELLE Y MIT DEUX
PETITES PIÈCES FAISANT UN QUART DE SOU.
ALORS JÉSUS AYANT APPELÉ SES DISCIPLES
LEUR DIT :
— "JE VOUS LE DIS EN VÉRITÉ, CETTE
PAUVRE VEUVE A DONNÉ PLUS QU'AUCUN
DE CEUX QUI ONT MIS DANS LE TRONC. CAR
TOUS ONT MIS DE LEUR SUPERFLU, MAIS
ELLE, ELLE A MIS DE SON NÉCESSAIRE,
TOUT CE QU'ELLE POSSÉDAIT, TOUT CE
QU'ELLE AVAIT POUR VIVRE..."
(ÉVANGILE SELON ST MARC 12, 41-44).

Nous sommes les mains de Dieu.

Dieu veut donner à chacun "le pain de chaque jour".

Mais Dieu n'a pas de mains. Il a les nôtres. C'est à nous qu'il incombe concrètement de "donner le pain" aux hommes. De redistribuer les richesses qu'il nous a confiées en nous confiant la Terre. Car "la terre est à tous". Mais comment cela se passe-t-il en fait... ?

Les quatre tartines.

LE décor : une table, quatre partenaires autour de la table, quatre tartines sur la table.

Les acteurs : moi-même, le Blanc qui représente l'Europe occidentale et l'Amérique du Nord. A côté de moi un Jaune, qui à lui seul représente la moitié de l'humanité. Un Noir qui représente son continent. Un Latino-Américain qui représente l'Amérique centrale et l'Amérique du Sud.

L'action : moi, le Blanc, je prends la première tartine. Les autres se disent que je ne suis pas tellement poli. Moi, le Blanc, je prends la deuxième tartine. Les autres me prennent pour un gourmand et s'énervent. Moi le Blanc, je prends la troisième tartine sous les yeux éberlués et scandalisés de mes partenaires. Puis leur laissant le soin de se répartir la quatrième tartine je leur souhaite bon appétit et m'en vais...

En chiffres :

25 % des hommes consomment 75 % des biens de ce monde : nous.

75 % des hommes consomment 25 % des biens de ce monde : les autres.

Un blanc consomme donc neuf fois la quantité dont dispose un non-blanc. Chaque blanc coûte fort cher à la race humaine...

Il y a plus grave : nous le savons, ils le savent, ils savent que nous le savons.

Parabole du temps présent ?

"PROTÉGEZ L'OPPRIMÉ".
"CESSEZ DE FAIRE LE MAL !
APPRENEZ A FAIRE LE BIEN, RECHERCHEZ
LA JUSTICE, PROTÉGEZ L'OPPRIMÉ...
LA DÉPOUILLE DU PAUVRE EST DANS VOS
MAISONS !
DE QUEL DROIT FOULEZ-VOUS MON PEUPLE
ET ÉCRASEZ-VOUS LA FACE DES PAUVRES ?"
DIT LE SEIGNEUR, L'ÉTERNEL SABBAOTH...
(LE PROPHÈTE ISAIE 1, 16, 17 ; 3, 14, 15).

Revenons ici un instant à l'histoire de l'Enfant Prodigue, car c'est l'histoire du cœur même de Dieu, de Dieu-Père. Il n'y a rien à ajouter, rien à retrancher. Mais tout à contempler.

Quand un père a perdu son fils et que tous les deux se retrouvent...

L'HOMME qui a peint le "Retour du prodigue" est un homme sans façade.
Un homme lavé de toute parole vaine.
L'œuvre est immense. Elle s'ouvre sur l'espace d'une confidence unique dans toute l'histoire de l'art occidental.
C'est le premier portrait grandeur nature
pour lequel Dieu lui-même ait jamais pris la pause.

Le Père en majesté inscrit en majuscule
au commencement de tout.
Voûté comme un arc roman, et de courbe plénière.
Sa stature s'accomplit dans l'ovale géniteur qui rayonne au tympan.

Son visage d'aveugle...
Il s'est usé les yeux à son métier de Père.
Scruter la nuit,
guetter, du même regard, l'improbable retour :
sans compter toutes les larmes furtives...
Il arrive qu'on soit seul !
Oui, c'est bien lui, le Père, qui a pleuré le plus.

Je regarde le fils.
Une nuque de bagnard.
Et cette voile informe dont s'enclôt son épave.
Ces plis froissés où s'arc-boute et vibre encore le grand vent des tempêtes,
des talons rabotés comme une coque de galion sur l'arête des récifs,
cicatrices à vau-l'eau de toutes les errances.
Le naufragé s'attend au juge :
"Traite-moi, dit-il, comme le dernier de ceux de ta maison".

Il ne sait pas encore qu'aux yeux d'un père comme celui-là,
le dernier des derniers est le premier de tous.

Il s'attendait au juge, il se retrouve au port,
échoué, déserté, vidé comme sa sandale,
enfin capable d'être aimé.

Appuyé de la joue, tel un nouveau-né au creux d'un ventre maternel, il achève de naître.
La voix muette des entrailles dont il s'est détourné murmure enfin aux creux de son oreille.
Il entend.

Lève les yeux, prosterné, éperdu de détresse,
et déjà tout lavé dans la magnificence...
Lève les yeux, et regarde,
ce visage, cette face très sainte qui te contemple amoureusement.
Tu es accepté, tu es désiré de toute éternité.
Avant l'éparpillement des sources,
j'ai longuement rêvé de toi,
et prononcé ton nom.

Vois donc, je t'ai gravé sur la paume de mes mains,
tu as tant de prix à mes yeux.
Ces mains, je n'ai plus qu'elles,
de pauvres mains ferventes, posées comme un manteau sur tes maigres épaules,
tu reviens de si loin !
Lumineuses, tendres et fortes,
comme est l'amour de l'homme et de la femme,
tremblantes encore — comme toujours,
du déchirant bonheur.

Il faut misère pour avoir cœur.
Et d'une patience qui attend,
et d'une attente qui écoute,
naît le dialogue insurpassable.
Notre assurance n'est plus en nous,
elle est de celui qui nous aime.

Malgré tous les poisons mêlés au sang du cœur,
au creux de ces hivers dont on n'attend plus rien,
rayonne désormais un été invicible.
Morts de fatigue,
nous ne saurions rouler que dans les bras de Dieu.
Nous avons rendez-vous sur un lac d'or !

Paul Baudiquey.

LA PARABOLE DU FILS RETROUVÉ.
IL DIT ENCORE : "UN HOMME AVAIT DEUX FILS. LE PLUS JEUNE DIT A SON PÈRE : 'PÈRE, DONNE-MOI LA PART DE BIEN QUI DOIT ME REVENIR.' ET LE PÈRE LEUR PARTAGEA SON AVOIR.
PEU DE JOURS APRÈS, LE PLUS JEUNE FILS AYANT TOUT RÉALISÉ, PARTIT POUR UN PAYS LOINTAIN ET IL Y DISSIPA SON BIEN DANS UNE VIE DE DÉSORDRE. QUAND IL EUT TOUT DÉPENSÉ, UNE GRANDE FAMINE SURVINT DANS CE PAYS, ET IL COMMENÇA A SE TROUVER DANS L'INDIGENCE. IL ALLA SE METTRE AU SERVICE D'UN DES CITOYENS DE CE PAYS QUI L'ENVOYA DANS SES CHAMPS GARDER LES PORCS. IL AURAIT BIEN VOULU SE REMPLIR LE VENTRE DES GOUSSES QUE MANGEAIENT LES PORCS, MAIS PERSONNE NE LUI EN DONNAIT. RENTRANT ALORS EN LUI-MÊME, IL SE DIT : 'COMBIEN D'OUVRIERS DE MON PÈRE ONT DU PAIN DE RESTE TANDIS QUE MOI ICI, JE MEURS DE FAIM ! JE VAIS ALLER VERS MON PÈRE ET JE LUI DIRAI : PÈRE, J'AI PÉCHÉ ENVERS LE CIEL ET CONTRE TOI. TRAITE-MOI COMME UN DE TES OUVRIERS.'
IL ALLA VERS SON PÈRE. COMME IL ÉTAIT ENCORE LOIN, SON PÈRE L'APERÇUT ET FUT PRIS DE PITIÉ. IL COURUT SE JETER A SON COU ET LE COUVRIT DE BAISERS. LE FILS LUI DIT : 'PÈRE, J'AI PÉCHÉ ENVERS LE CIEL ET CONTRE TOI. JE NE MÉRITE PLUS D'ÊTRE APPELÉ TON FILS...' MAIS LE PÈRE DIT A SES SERVITEURS : 'VITE, APPORTEZ LA PLUS BELLE ROBE ET HABILLEZ-LE. METTEZ-LUI UN ANNEAU AU DOIGT, DES SANDALES AUX PIEDS. AMENEZ LE VEAU GRAS, TUEZ-LE, MANGEONS ET FESTOYONS, CAR MON FILS QUE VOICI ÉTAIT MORT ET IL EST REVENU A LA VIE, IL ÉTAIT PERDU ET IL EST RETROUVÉ'".
(ÉVANGILE SELON ST LUC 15, 11-24).

"Tout tourne en grâce, même les péchés".

Pour Dieu, tout tourne en grâce. Même l'échec, même les péchés. Et de nos faux-pas, il sait faire un pas en avant. Si nous le voulons...

Le diamant rayé.

UN jeune prince du nord de l'Inde, fort beau et fort riche, tomba un jour amoureux d'une gente princesse de l'état voisin. Le mariage fut décidé. Et en signe et gage d'amour éternel, il tira de ses trésors son plus beau diamant pour le donner à sertir au centre de la couronne précieuse qu'il comptait lui offrir au matin des épousailles.

Il le confie à son joaillier favori. Mais, un instant de distraction, et le poinçon de l'orfèvre glisse au moment délicat du sertissage. Il raye le merveilleux bijoux de tout son long !

Désespoir de l'artiste. Désespoir encore plus grand du prince. Et tout le pays de compatir à son chagrin, car il était fort aimé.

Lorsqu'un soir un vieil artisan se présente au palais : "Prince, j'ai appris votre chagrin. Confiez-moi une nuit seulement votre diamant".

... Et au matin levant, l'orfèvre d'apporter au prince ébloui le plus beau bijou qu'il ait jamais vu. Avec art et patience, l'habile lapidaire avait fait de la profonde rayure, la tige même d'une splendide rose épanouie, brillant maintenant de mille feux.

"AUJOURD'HUI, TU SERAS AVEC MOI EN PARADIS".

ILS CRUCIFIÈRENT JÉSUS AINSI QUE DEUX MALFAITEURS, L'UN A DROITE, L'AUTRE A GAUCHE. L'UN DES MALFAITEURS CRUCIFIÉS L'INJURIAIT DISANT : 'N'ES-TU PAS LE CHRIST ? SAUVE-TOI TOI-MÊME ET SAUVE-NOUS !' MAIS L'AUTRE LE REPRENAIT ET DISAIT : 'POUR NOUS, C'EST JUSTICE, CAR NOUS RECEVONS CE QU'ONT MÉRITÉ NOS CRIMES. MAIS CELUI-CI N'A RIEN FAIT DE MAL'. ET IL DIT A JÉSUS : 'SOUVIENS-TOI DE MOI QUAND TU VIENDRAS DANS TON RÈGNE...' JÉSUS LUI RÉPONDIT : 'JE TE LE DIS EN VÉRITÉ, AUJOURD'HUI TU SERAS AVEC MOI DANS LE PARADIS...' "

(ÉVANGILE SELON ST LUC 23, 39-43).

Faire brèche en son cœur.

Mais pour que le pardon de Dieu pénètre au cœur de notre cœur, il faut lui laisser le passage. Parfois il faut alors faire brèche en soi-même... En soi il faut creuser le regret et la contrition.

Car Dieu ne pénètre jamais par effraction, à la manière d'un intrus. Mais si nous acceptons de Lui ouvrir la porte, Sa Lumière nous inondera. Et il n'y aura plus en nous aucun recoin obscur. Si nous lui ouvrons...

Percer le mur...

C'ÉTAIT une maison aux murs épais, plantée depuis toujours au haut du coteau. Elle était belle. Mais, isolée, elle n'avait pas encore obtenu l'électricité.

Lorsqu'un beau matin le vieux paysan qui l'habitait vit monter jusqu'à sa ferme une camionnette chargée de matériel : — Nous sommes en train de tirer une ligne électrique à travers le plateau. Elle va passer près de chez vous. Voulez-vous y être raccordé ?

— Bien sûr ! ce sera merveilleux ! J'aurai enfin la lumière tous les soirs, le courant pour ma scie et mon tour, la télévision et ses images tout au long de la journée !

— Mais vos murs sont épais. Il nous va falloir percer un trou pour faire passer la ligne.

— Ah cela, non jamais ! Cela va faire du bruit, de la poussière ! Vous n'entrerez pas chez moi ! Vous ne toucherez pas à mes murs !

Et le paysan buté, faute d'accepter de faire brèche dans sa carapace de vieilles habitudes, n'obtint jamais la lumière en sa maison. Il choisit de vivre dans le noir. Et dans le noir il demeura.

D'une vieille prédication évangélique en Ardèche

Dieu est Lumière. Il nous purifie de tout péché.

“Dieu est lumière, et il n’y a point en Lui de ténèbres.

Si nous disons que nous sommes en communion avec Lui et que nous marchions dans les ténèbres, nous mentons et nous ne pratiquons pas la Vérité.

Mais si nous marchons dans la Lumière, comme Il est Lui-même dans la Lumière, le sang du Christ nous purifie de tout péché.

Si nous confessons nos péchés, Il est fidèle et juste pour nous les pardonner et pour nous purifier de toute iniquité”.

(1ère Lettre de St Jean 1, 5-9).

"Ne jugez pas sur les apparences !", et d'ailleurs : "Ne jugez pas et vous ne serez pas jugé !" C'est la sagesse de tous les moralistes, l'enseignement de tous les Maîtres spirituels. Jésus a repris à son compte la règle éthique commune à l'Orient, celle qu'énonçait Socrate en Grèce, et Maître Lie Tseu en Chine, le Livre des Proverbes dans la Bible et les sages mésopotamiens et égyptiens dans leurs leçons. Mais il lui donnera une qualification et une autorité nouvelles : celle du "Verbe", de la Parole même de Dieu.

Le voleur de hache.

UN homme ne retrouvait pas sa hache. Il soupçonna le fils de son voisin de la lui avoir prise et se mit à l'observer. Son allure était, typiquement, celle d'un voleur de hache. Son visage était celui d'un voleur de hache. Les paroles qu'il prononçait ne pouvait être que des paroles de voleur de hache. Toutes ses attitudes et tous ses comportements trahissaient l'homme qui a volé une hache.

Mais, très inopinément, en remuant la terre, l'homme retrouva soudain sa hache.

Lorsque le lendemain, il regarda de nouveau le fils de son voisin, celui-ci ne présentait rien, ni dans l'allure, ni dans l'attitude, ni dans le comportement, qui évoquât un voleur de hache.

Parabole du Maître Lie-Tseu, IIème siècle

"QUE CHACUN BALAIE LA NEIGE DEVANT SA PORTE SANS S'OCCUPER DU GIVRE SUR LES TUILES DU VOISIN".
(PROVERBE CHINOIS).

Les trois tamis.

Un jour, quelqu'un vint voir Socrate et lui dit :
— Écoute, Socrate, il faut que je te raconte comment ton ami s'est conduit.

— Arrête ! interrompit l'homme sage. As-tu passé ce que tu as à me dire à travers les trois tamis ?

— Trois tamis ? dit l'autre, rempli d'étonnement.

— Oui, mon bon ami : trois tamis. Examinons si ce que tu as à me dire peut passer par les trois tamis.

Le premier est celui de la vérité. As-tu contrôlé si tout ce que tu veux me raconter est vrai ?

— Non, je l'ai entendu raconter et...

— Bien, bien. Mais assurément tu l'as fait passer à travers le deuxième tamis. C'est celui de la bonté. Est-ce que ce que tu veux me raconter, si ce n'est pas tout à fait vrai, est au moins quelque chose de bon ?

Hésitant, l'autre répondit : Non, ce n'est pas quelque chose de bon, au contraire...

— Hum ! dit le Sage, essayons de nous servir du troisième tamis, et voyons s'il est utile de me raconter ce que tu as envie de me dire...

— Utile ? Pas précisément...

— Eh bien ! dit Socrate en souriant, si ce que tu as à me dire n'est ni vrai, ni bon, ni utile, je préfère ne pas le savoir, et quant à toi, je te conseille de l'oublier...

Apologue grec

JÉSUS DISAIT : "NE JUGEZ POINT, AFIN QUE VOUS NE SOYEZ POINT JUGÉS. CAR ON VOUS JUGERA DU JUGEMENT DONT VOUS JUGEZ, ET L'ON VOUS MESURERA AVEC LA MESURE DONT VOUS MESUREZ.
POURQUOI VOIS-TU LA PAILLE QUI EST DANS L'ŒIL DE TON FRÈRE, ET N'APERÇOIS-TU PAS LA POUTRE QUI EST DANS TON ŒIL ?
OU COMMENT PEUX-TU DIRE A TON FRÈRE : LAISSE-MOI ÔTER UNE PAILLE DE TON ŒIL, TOI QUI AS UNE POUTRE DANS LE TIEN ?
HYPOCRITE, ÔTE PREMIÈREMENT LA POUTRE DE TON ŒIL, ET ALORS TU VERRAS COMMENT ÔTER LA PAILLE DE L'ŒIL DE TON FRÈRE."

(ÉVANGILE SELON ST MATTHIEU 7, 1-5).

Il y a tellement de tentations dans nos vies qu'en épingler l'une plutôt que l'autre est tâche fort difficile ! Contentons-nous d'en relever deux assez subtiles qui nous sont aussi plus contemporaines :

— celle qui nous guette dès que nous prenons le volant de notre voiture : tentation du pouvoir et de l'automobiliste,

— celle qui nous guette quand nous avons appris beaucoup de choses et que nous nous croyons "arrivés" : tentation du savoir et du gnostique.

Prière d'un automobiliste tout ordinaire.

— Dieu de justice, Seigneur de miséricorde,
Toi qui maintiens les astres dans leur trajectoire,
Toi qui diriges les migrations des oiseaux et
la course des anguilles au fond des mers,
Toi qui permets que je tienne entre mes mains et sous mes pieds,
à mon entière discrétion,
les masses de puissance et d'énergie de ma voiture,
donne-moi la Sagesse, et ne me rejette pas du nombre de tes enfants.

— Car je suis un homme faible. Sous des dehors bien tranquilles et tout ordinaires, mon cœur cache d'étranges bêtes fauves.
Elles s'éveillent de temps à autre, capables de provoquer des catastrophes pires que celles dont je lis avec horreur le récit dans mon journal au déjeuner, et contre les auteurs desquelles je m'indigne vertueusement.

— Accorde-moi de prendre le volant, quels que soient le lieu et le moment, quelle que soit la compagnie,
avec un cerveau lucide, un cœur paisible et bienveillant.
Ne permets pas que mon attention se détourne de la route devant, derrière et tout autour de moi.
Même si le paysage, le ciel, les fleurs, les bois et les femmes rayonnent de Ta splendeur et invitent mon admiration à se reposer.

— Ne me rends pas le klaxon trop facile lorsque quelqu'un devant moi, a de la peine à démarrer au feu vert.

— Fais que je cherche et trouve toujours le regard des enfants qui jouent au bord de la chaussée.
Que j'aperçoive à temps leurs petits pieds entre les roues des voitures stationnées,
et quand roule un ballon devant moi, que je n'oublie jamais le gamin qui va déboucher derrière.

— Ne permets pas que j'ajoute aux terreurs des petits vieux et des petites vieilles perdus dans la jungle angoissante du trafic urbain.

— Lorsque la route est étroite et dense la circulation, souvent je m'impatiente derrière un poids lourd qui traîne.
Alors Seigneur, avive mon imagination.
Qu'elle représente à mes yeux la file des conducteurs qui s'avance probablement à notre rencontre, au-delà de la courbe ou du sommet de la côte.
Avec leurs passagers insouciants, leurs femmes et leurs enfants qui les attendent à la maison. Pour que je ne sois pas téméraire et que je ne joue pas avec ces vies, qui sont Tiennes.

— Donne-moi aussi un peu de la crainte salutaire du gendarme. Pas trop. Juste ce qui convient.

— Donne-moi l'humour, qui fait sourire avec indulgence aux bêtises d'autrui.

— Que je sois le prochain de ceux qui se trouvent en difficulté sur mon chemin. Ils me le rendront peut-être un jour.

— Et surtout, surtout Seigneur d'intelligence infinie,
Toi qui donnes son sens à toute créature,
Imprime au-dessus de moi la conviction
qu'il est vraiment trop bête de n'arriver jamais
pour avoir trop voulu arriver à temps.

Jan Spoorenberg

"JE SUIS L'ÉTERNEL TON DIEU."
"TU NE TUERAS POINT."
(LIVRE DE L'EXODE 20, 2, 13).

La tentation du gnostique.

Nous sommes en plein "retour du religieux". C'est souvent un retour de la "gnose". C'est-à-dire de cette idée que les Vérités les plus importantes seraient cachées, secrètes. Et qu'on serait en mesure de les atteindre en accumulant les connaissances puisées auprès de quelque grand Initié, ou de quelque École ésotérique dispensatrice du savoir réservé aux élites. Le salut serait ainsi lié à une Connaissance acquise à la force du poignet, et non à la Grâce donnée gratuitement par Dieu. C'est exactement l'opposé de l'enseignement du rabbi de Nazareth. Et c'est une tentation de toujours, de partout, comme l'exprime ce poème Sikh.

J'ai fait de mon esprit le bol du mendiant.

J'AI fait de mon esprit le bol d'un mendiant !
J'ai erré et, de porte en porte,
J'ai mendié le pain de l'enseignement.
J'ai rempli mon bol des miettes qui tombaient jusqu'à moi
De chaque maison d'enseignement.
Je l'ai bourré au maximum.
Il est devenu lourd et j'en étais fier.
Je pensais que j'étais un pândit.
Je formais, dans mon orgueil,
Le projet de voyager par toute la terre.
Mes pieds touchaient à peine le sol.

Un jour j'arrivai aux pieds de mon saint.
Je plaçai un bol devant lui,
Et le lui donnai en offrande.
"Ordures, ordures", me dit-il.
Il envoya au loin les miettes de pain.
Il nettoya le bol avec du sable.
Le lava avec de l'eau,
Et il devint propre et net
De toutes les saletés de l'enseignement.

Bhâî Vîr Singh

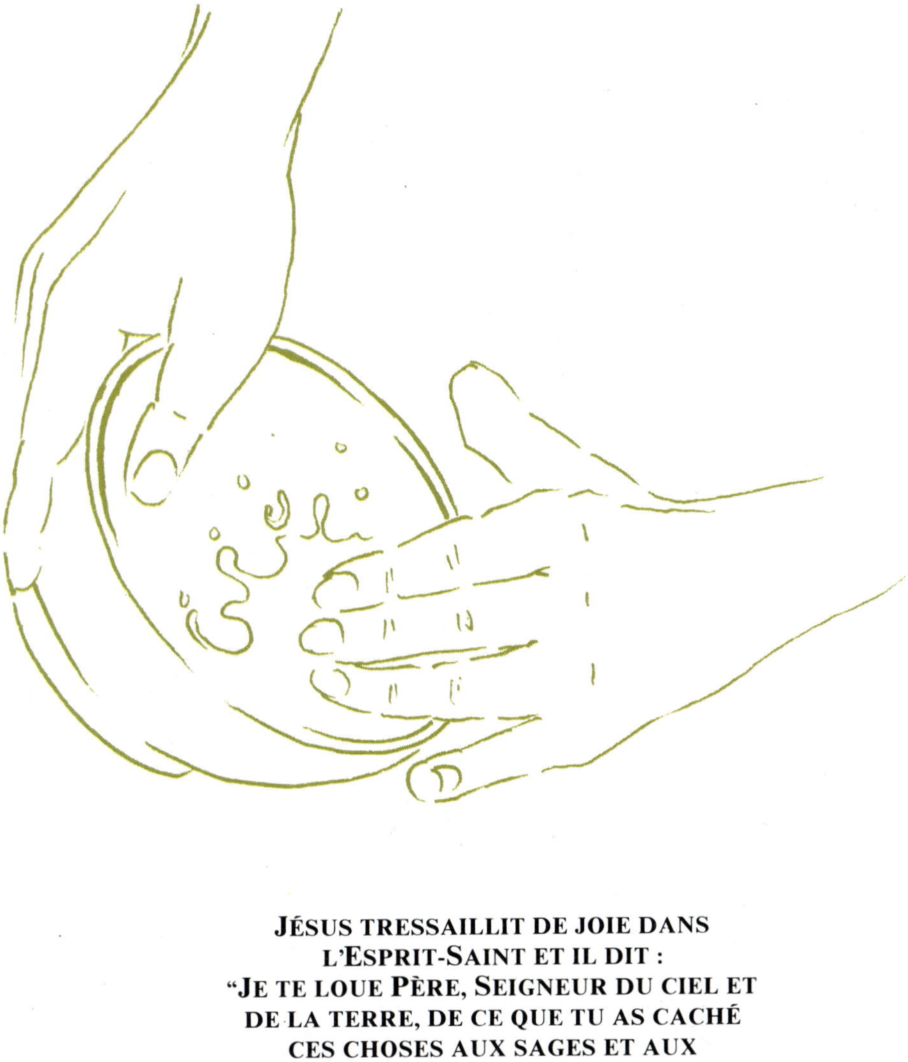

**JÉSUS TRESSAILLIT DE JOIE DANS L'ESPRIT-SAINT ET IL DIT :
"JE TE LOUE PÈRE, SEIGNEUR DU CIEL ET DE LA TERRE, DE CE QUE TU AS CACHÉ CES CHOSES AUX SAGES ET AUX INTELLIGENTS, ET DE CE QUE TU LES AS RÉVÉLÉES AUX PETITS.
OUI, PÈRE, JE TE LOUE DE CE QUE TU L'AS VOULU AINSI !"
(ÉVANGILE SELON ST LUC 10, 21).**

On peut traduire la dernière demande du Pater par : "Délivre-nous du Mal", c'est-à-dire de tout ce qui est mauvais, douloureux, pervers dans nos vies et de tout le Mal qui est dans le monde. Ou bien : "Délivre-nous du Malin", c'est-à-dire du démon, de Satan, de cette anti-personne agissant malignement aux carrefours de nos pensées et du cosmos.

Mais je ne l'ai jamais fréquenté le démon ! Certes ! On fréquente rarement Satan en personne ! Mais on fréquente parfois des contrées troubles où il est très à l'aise pour faire son métier de "diabolos" : d'"embrouilleur". A trop fréquenter les voyants, devins, médiums, à trop jouer au spiritisme, à la divination, à la cartomancie, on crée en soi des fragilités, des failles par lesquelles l'esprit pervers risque de se glisser.

"A trop jouer avec le feu, on se brûle les doigts", dit la sagesse populaire.

Il vaut mieux s'en tenir à distance. Comme il vaut mieux se tenir à distance du scorpion, même lorsque celui-ci tient un discours persuasif...

Le lion et le scorpion.

SUR la berge sablonneuse d'un grand fleuve africain, un lion boit.

Un scorpion s'approche :

— Réveille-toi, j'ai besoin de ton aide... dit-il en poussant le lion d'un coup de coude. Je dois passer de l'autre côté du fleuve, ici il n'y a plus rien pour moi. Prends-moi sur ton dos et fais-moi traverser à la nage.

Surprise du lion :

— Moi, nager avec un scorpion sur mon dos ? Tu vas me piquer et je vais mourir !

Le scorpion plaide habilement sa cause :

— Ne sois pas stupide, si je te pique on se noie tous les deux. Il ne peut rien t'arriver !

Obstiné, le lion cherche des arguments, mais l'agilité intellectuelle du scorpion, alliée à la logique implacable de son plaidoyer, finit par l'emporter :

— Monte, dit le lion.

A pas lents, le lion méfiant avance dans l'eau tiède. Il commence à nager. Au milieu du fleuve une douleur vive le paralyse. Le duo est entraîné par le courant.

— Regarde ce que tu as fait ! dit le lion, nous allons périr tous les deux !

— Je sais... répond le scorpion. Je suis désolé, mais on n'échappe pas à sa nature...

Fable africaine

JÉSUS CHASSAIT UN DÉMON. IL DIT ALORS : "LORSQU'UN HOMME-FORT ET BIEN ARMÉ GARDE SA MAISON, CE QU'IL POSSÈDE EST EN SURETÉ. MAIS SI UN PLUS FORT QUE LUI SURVIENT ET LE DOMPTE, IL LUI ENLÈVE TOUTES LES ARMES DANS LESQUELLES IL SE CONFIAIT, ET IL DISTRIBUE SES DÉPOUILLES. CELUI QUI N'EST PAS AVEC MOI EST CONTRE MOI, ET CELUI QUI N'ASSEMBLE PAS AVEC MOI, DISSIPE. LORSQUE L'ESPRIT IMPUR EST SORTI D'UN HOMME, IL VA DANS LES LIEUX ARIDES, POUR CHERCHER DU REPOS. ET N'EN TROUVANT POINT, IL DIT : 'JE RETOURNERAI DANS MA MAISON D'OÙ JE SUIS SORTI.' ET QUAND IL ARRIVE, IL LA TROUVE BALAYÉE ET ORNÉE. ALORS IL S'EN VA, ET IL PREND SEPT AUTRES ESPRITS PLUS MÉCHANTS QUE LUI. ILS ENTRENT DANS LA MAISON, S'Y ÉTABLISSENT, ET LA DERNIÈRE CONDITION DE CET HOMME EST PIRE QUE LA PREMIÈRE !"

(ÉVANGILE SELON ST LUC 11, 21-26).

Oui il vaut mieux ne pas lui ouvrir la porte. Car il est le "malin". Il vaut mieux s'en tenir à distance : "Pour manger avec le diable, il faut de longues baguettes !" (Proverbe chinois).

Entrer en relation avec un homme vertueux, c'est comme pénétrer une serre d'orchidées : à la longue, on ne sent plus le parfum.

Entrer en relation avec un homme vicieux, c'est comme entrer dans une boutique de poisson séché : à la longue, on ne sent plus les mauvaises odeurs.

Proverbe chinois

Supporter la tentation.

Le premier degré de l'action du Malin, c'est la tentation. Nul n'y échappe. Et chacun nous réagissons suivant l'orientation de notre cœur. Le même événement peut être appel à aimer ou invitation à égoïsme, suivant la pente de nos comportements habituels. Ils porteront alors inexorablement leurs fruits. Comme il advint aux deux jeunes filles de cette légende commune à toutes les traditions culturelles, car elle appartient à la Sagesse des nations.

La gente demoiselle et la fille au cœur dur.

UNE veuve avait deux filles, l'une jolie et courageuse, l'autre laide et paresseuse. Elle favorisait la seconde qui était sa propre fille, et attribuait toutes les tâches domestiques à la première, sa belle-fille. Celle-ci devait chaque jour aller filer au bord du puits. Elle filait tellement que ses doigts en saignaient. Un jour qu'elle se penchait pour laver dans l'eau sa quenouille tâchée de sang, elle la laissa tomber dans le puits. Furieuse, sa marâtre l'envoya la rechercher et la jeune fille dut se résoudre à sauter dans le puits...

En tombant, elle s'évanouit, mais à son réveil, elle se retrouva dans une prairie ensoleillée et constellée de fleurs. Elle se mit à marcher. Arrivée devant un four, elle entendit les pains cuits à point supplier qu'on les retire. La jeune ville les sortit du four, puis poursuivit sa route. Elle entendit ensuite des pommes mûres implorer pour qu'on secoue le pommier. La jeune fille les fit tomber et les disposa en tas.

Elle parvint ensuite à une maisonnette où habitait une vieille femme aux longues dents. Effrayée, la jeune fille voulut s'enfuir mais la vieille femme qui s'appelait Dame Holle la rassura et lui offrit de travailler avec elle. Elle devrait mettre de l'ordre, refaire le lit et surtout secouer l'édredon car, quand les plumes s'en échappaient, il nei-

geait sur le monde. La jeune fille accepta et s'acquitta ponctuellement de ses tâches.

Dame Holle était très gentille et la nourrissait bien. Cependant la nostalgie de sa maison l'envahissait peu à peu, la jeune fille finit par demander son congé, tout en reconnaissant qu'elle était mieux traitée chez Dame Holle. Celle-ci accepta et la reconduisit à un grand portail. Au moment où elle allait le franchir, une pluie d'or tomba sur elle : c'était la récompense de Dame Holle qui lui rendit en outre sa quenouille.

Couverte d'or, la jeune fille rentra chez elle et le coq chanta : "La demoiselle d'or est de retour !" On lui fit bon accueil.

En entendant le récit de sa belle-fille, la veuve voulut que la même faveur échut à sa fille. Elle l'envoya donc avec une quenouille au bord du puits. La jeune fille paresseuse se piqua la main à des épines pour tacher la laine et, après avoir lancé la quenouille dans le puits, elle y sauta elle-même. Arrivée dans la belle prairie, elle se rendit directement à la demeure de Dame Holle, sans répondre aux supplications des pains et des pommes, ne voulant pas se salir au four ni recevoir une pomme sur la tête.

Elle offrit ses services à Dame Holle. Le premier jour elle se mit courageusement au travail. Mais dès le troisième jour, elle ne voulut plus rien faire. Dame Holle finit par se lasser et lui donna son congé. Parvenue au portail, la paresseuse s'attendait à une pluie d'or, mais c'est de la poix qui tomba sur elle.

En la voyant revenir toute couverte de poix, le coq chanta : "La sale demoiselle est de retour !" La poix collait si bien qu'on ne put jamais la détacher.

Ancienne légende d'Orient

"HEUREUX L'HOMME QUI SUPPORTE PATIEMMENT LA TENTATION. CAR, APRÈS AVOIR ÉTÉ ÉPROUVÉ, IL RECEVRA LA COURONNE DE VIE QUE LE SEIGNEUR A PROMISE A CEUX QUI L'AIMENT. QUE PERSONNE, LORSQU'IL EST TENTÉ, NE DISE : C'EST DIEU QUI ME TENTE ! CAR DIEU NE TENTE PERSONNE. MAIS CHACUN EST TENTÉ QUAND IL EST ATTIRÉ ET AMORCÉ PAR SA PROPRE CONVOITISE. PUIS LA CONVOITISE, LORSQU'ELLE A CONÇU, ENFANTE LE PÉCHÉ. ET LE PÉCHÉ ÉTANT CONSOMMÉ, PRODUIT LA MORT."

(LETTRE DE ST JACQUES 1, 13-15).

Savoir se prendre en charge.

Nous ne sommes pas seuls dans notre lutte contre le Mal et le Malin. Nous avons en particulier maints intercesseurs auprès de Dieu, dit la Tradition catholique. Encore faut-il que nous nous prenions en charge nous-mêmes ! Il n'y a pas de salut automatique ou indépendamment de nous. C'est ce qu'explique cette légende du Moyen-Age. Quand nous nous sommes mis par notre faute dans quelque fâcheux mauvais pas, nous pouvons toujours appeler à notre aide le Seigneur Jésus, la Vierge Marie et tous les saints. Encore faut-il que nous ayons dans notre poche trois sous de bonne volonté...

Les trois ducats.

CELA se passait il y a bien longtemps aux portes de la bonne ville de Toulouse en Occitanie. Un soleil radieux illuminait le ciel, faisant chanter les briques de la ville rose. Et un cortège haut en couleurs faisait son entrée par la grand porte : le Roi René venant présenter à ses sujets la belle Aude, sa future épouse.

Le cortège était arrivé sur la Place du Capitole noire d'un peuple en liesse, lorsque, levant les yeux, la jeune princesse pousse un cri. Au gibet patibulaire trônant dans un coin de la place, le bourreau s'apprête à passer la corde au cou d'un homme à pauvre mine, quelque gueux sans doute qui devait bien un jour en arriver là...

— Oh ! supplie la belle Aude, ne peut-on lui faire grâce un jour comme celui-ci ?

— Nous ne le pouvons, Princesse, répondent les capitouls. Il a commis un crime pour lequel il n'est pas de pardon !

— Mais un tel crime peut-il exister ? N'y a-t-il pas quelque moyen de l'en absoudre que je puisse mettre en œuvre ?

— Princesse, il est prévu par notre loi qu'on peut le racheter moyennant une somme de mille ducats !

— Mais comment ce pauvre hère peut-il réunir une telle somme ! plaide la jeune épousée.

Elle se tourne alors vers le cortège et ses suivants. De son escarcelle, le roi tire 500 ducats. La reine en sort 200. Les seigneurs fouillent dans leurs poches et font tinter les pièces dans l'aumônière : victoire ! 997 ducats !

— Messires, pour 997 ducats, vous allez bien faire grâce ?

— Hélas non, Princesse. La loi est la loi... Il manque encore trois ducats...

— Pour trois ducats, vous allez le pendre ! Mais fouillez donc ce pauvre homme, peut-être les a-t-il sur lui ?

Et dans la poche du condamné, on trouve les trois ducats manquants ! Il est sauvé !

Ainsi au moment ultime, lors du Jugement final, pourrons-nous, pécheurs, implorer la Vierge Marie. Elle sera notre intermédiaire puissante auprès de son Fils et de toute la Cour céleste. Mais rien n'y pourra faire si nous n'avons au fond de notre cœur... trois sous de bonne volonté.

Mystère du Moyen-Age

"SAINTE MARIE, MÈRE DE DIEU,
PRIEZ POUR NOUS,
PAUVRES PÉCHEURS,
MAINTENANT, ET A L'HEURE
DE NOTRE MORT
AMEN !"

Nous voici au terme de ces "Paroles pour la vie". Et maintenant : "Amen !", "Qu'il en soit ainsi !"

Ce ne sont que des paroles, simples comme l'eau claire. Mais si nous les accueillons, elles deviennent or éblouissant.

Jésus disait en une autre comparaison : quand la Parole est accueillie comme une semence dans un cœur préparé comme la bonne terre, elle donne du fruit à cent pour un.

A la mesure où nous ouvrons notre cœur à ces Paroles, nous recevrons au centuple. A la mesure où nous donnons notre simple vie d'homme, nous recevons la Vie même de Dieu. Car nous tissons déjà sur terre la trame dont sera faite notre éternité. Comme il advint aux villageois de la légende...

Le festin du Seigneur.

LE village au pied du château venait tout juste de se réveiller quand retentit sur la grand place la voix du héraut seigneurial :

— Notre Seigneur bien-aimé invite tous ses biens-aimés sujets à partager avec lui un festin pour son anniversaire. Une heureuse surprise les y attend. Il leur demande toutefois d'avoir la grande gentillesse d'apporter un peu d'eau pour remplir le bassin du château qui est à sec..."

Et faisant volte face, le héraut entouré de ses gardes reprend le chemin du castel seigneurial.

Les commentaires fusent bon train, mais sur des modes fort divers...

— Pfffh... Il a bien assez de domestiques pour faire remplir son bassin... Je lui monterai un verre, ce sera largement suffisant !

— Que non ! Il a toujours été bon et généreux ! Je lui apporterai un plein tonneau !

Et au matin du jour dit, on voit un étrange cortège monter du village vers le château. Les uns poussent de toutes leurs forces de grosses futailles, ou ahannent en portant des seaux pleins à ras-bord. D'autres, moqueurs, portent une carafe ou un petit verre sur un plateau.

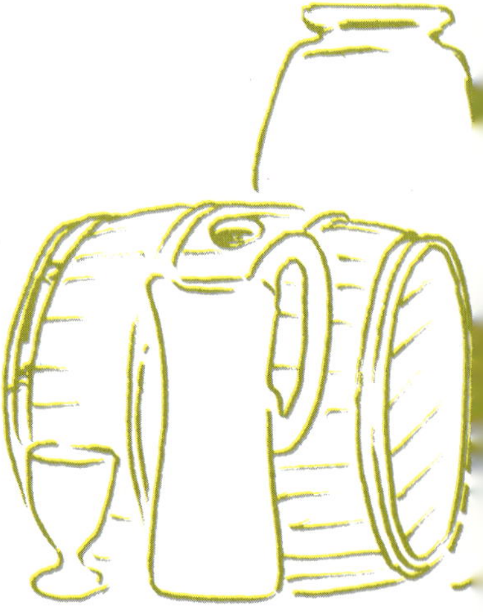

Entrés dans la cour intérieure, chacun vide son récipient dans le bassin central, le dépose au vestiaire et se dirige joyeusement vers la salle du banquet.

Rôtis et vins, danses et chants, lorsque le soir arrive le Seigneur remercie chacun d'un mot aimable et se retire dans ses appartements.

"Et la surprise promise ?" Désappointement des grincheux. Joie heureuse des bons sujets : "Notre maître vient de nous donner le meilleur festin qui soit !"

Et chacun avant de repartir passe prendre son récipient.

Lorsque des cris éclatent, explosent de plus en plus fort en provenance du vestiaire. Cris de joie et cris de rage.

Les récipients étaient remplis à ras-bord de pièces d'or !

— Ah ! Que n'ai-je apporté davantage d'eau...

JÉSUS DISAIT : "DONNEZ, ET L'ON VOUS DONNERA. C'EST UNE BONNE MESURE, TASSÉE, SECOUÉE, DÉBORDANTE QUE L'ON VOUS VERSERA DANS VOTRE SAC. CAR C'EST AVEC LA MESURE DONT VOUS MESUREZ, QU'ON MESURERA POUR VOUS EN RETOUR."

(ÉVANGILE SELON ST LUC 6, 37-38).

"ET IL TE DONNERA DE L'EAU VIVE..." JÉSUS FATIGUÉ PAR LA ROUTE ÉTAIT ASSIS AU BORD D'UN PUITS, DANS UNE VILLE DE SAMARIE NOMMÉE SYCHAR. UNE FEMME SAMARITAINE VIENT PUISER DE L'EAU. JÉSUS LUI DIT : "DONNE-MOI A BOIRE." ELLE LUI RÉPONDIT : "COMMENT TOI, QUI ES JUIF, ME DEMANDES-TU A BOIRE A MOI QUI SUIS UNE FEMME SAMARITAINE ?" JÉSUS LUI RÉPONDIT : "SI TU SAVAIS LE DON DE DIEU ET QUI EST CELUI QUI TE DIT : 'DONNE-MOI A BOIRE' ! TU LUI AURAIS TOI-MÊME DEMANDÉ A BOIRE, IL T'AURAIT DONNÉ DE L'EAU VIVE... UNE SOURCE D'EAU JAILLISSANTE EN VIE ÉTERNELLE."

(ÉVANGILE SELON ST JEAN 4, 4-14).

DU MÊME AUTEUR

Théodore de Mopsueste, 200 p., Rome, 1954.

Pour les adolescents d'aujourd'hui : Les Temps forts, 150 p., Paris, Sénévé, 1970.

Seront-ils chrétiens ? Perspectives catéchuménales, 200 p., Lyon, Chalet, 1975, en collaboration avec Henri Bourgeois (+ Trad.).

Sectes et réveil religieux. Quand l'Occident s'éveille... 220 p., Mulhouse, Salvator, 1976.

Croire en dialogue - Les religions, les Églises, les sectes, 520 p., Limoges, Droguet et Ardant, 1979, en collaboration avec René Girault, (20e mille + Trad.).

Des chercheurs de Dieu hors frontières, 160 p., Paris, Desclée De Brouwer, 1979.

Guide des religions (collaboration), Paris, Dauphin, 1981 (2e édit.).

Au pays du nouveau sacré. Voyage à l'intérieur de la jeune génération, 220 p., Centurion, 1981.

Guide de l'animateur, 520 p., Limoges, Droguet et Ardant, 1983, en collaboration avec A. Marchadour (10e mille).

Les sectes, l'occulte et l'étrange (6 albums B.D.), Salon-de-Provence, Éditions du Bosquet, 1985 (300e mille + Trad.).

Les sectes et l'Église catholique, 120 p., Paris, Cerf, 1986.

Occultisme, magie, envoûtement, 200 p., Mulhouse, Salvator, 1986 (3e édit. + Trad.).

Les grandes questions de l'existence (6 albums B.D.), Salon-de-Provence, éditions du Bosquet, 1986 (300e mille + Trad.).

Jésus dans la nouvelle religiosité, 320 p., Paris, Desclée, 1987.

Des sectes à notre porte ? 100 p., Paris, Chalet, 1988, en collaboration avec Y. de Gibon (2e édit.).

Réincarnation, Résurrection, Communiquer avec l'au-delà, 190 p., Mulhouse, Salvator, 1988 (2e édit.).

Peut-on prédire l'avenir ? 128 p., Paris, Centurion, 1989.

Les Sectes, 128 p., Paris, Presses Universitaires de France, 1990.

Le Nouvel-Age, 250 p., Paris, Tequi, 1990.

Peut-on communiquer avec l'au-delà ? 128 p., Paris, Centurion, 1990.

RÉFÉRENCES DES TEXTES CITÉS

Nous remercions les éditeurs qui nous ont autorisés à reproduire des textes qu'ils publient en exclusivité.

— Éditions Casterman : *"Le prophète"* de Khalil Gibran.

— Éditions Denoël : *"Le pèlerinage aux sources"* de Lanza Del Vasto.

— Éditions Fayard : *"Paraboles et fariboles"* du Père Loew,
"Histoire de Michèle" de Michèle.

— Éditions Flammarion : *"La seule vérité c'est d'aimer"* de Raoul Follereau.

— Éditions Gallimard : *"Le jardinier d'amour"* de R. Tagore.

— Éditions Julliard : *"Le temps d'un soupir"* d'Anne Philipe.

— Éditions R. Laffont : *"Parole d'homme"* de Roger Garaudy.

— Éditions Seghers : *"La Diane française"* d'Aragon.

— Éditions du Seuil : *"Le vertige"* d'Eugenia Guinzbourg,
"Le livre du bonheur" de Marcelle Auclair.

— "La Vie" - *"Dieu et les champignons"* 14 février 1980.

— Bulletin de l'A.C.A.T. (Action des Chrétiens pour l'Abolition de la Torture, 252 rue St Jacques 75005 Paris).

— *"Fêtes et saisons"* n° 325, 1978 *"Jésus"*.

— *La Bible,* traduction Louis Segond, Société Biblique.

— *La Bible,* T.O.B., Le Cerf et la Société Biblique.

TABLE DES MATIÈRES

Mise en page et illustrations de Guy Loriot
Photographies de Guillaume de Laubier
et Michel Hayaux du Tilly

Mise en pages et illustrations de Guy Loriot
Photographies de Guillaume de Laubier
et Michel Hayaux du Tilly

Crédit photographique

Guillaume de Laubier : *Village bobo au Mali, p. 28 - Océan Indien (Ile Maurice), p. 38 - Noël en Laponie, p. 48 - Eléphanta (Inde), p. 58 - Cérémonie religieuse au Japon, p. 70 - Salvador de Bahia (Brésil), p. 78 - Statue de Bouddha, p. 98 - Cérémonie orthodoxe en Moldavie, p. 112 - Femmes maliennes, p. 134 - Sri Lanka, p. 142 - Ile Maurice, p. 152 - Fès (Maroc), p. 162 - Sur le fleuve Niger, p. 178.*
Michel Hayaux du Tilly : *Lac de Tibériade, p. 8 - Forteresse de Kalaat el Mar au Liban, p. 22 - Jérusalem : maquette du 2ème temple, p. 88.*